Daniel Niederberger

# Weniger erziehen – mehr leben!

## Alternativen zum Erziehungsstress



*Publishing Partners*

Man könnte nicht sagen, ob das Kind seinem Vater die Hand reicht oder ob es der Vater ist, der die Hand seines Sohnes ergreift: Jeden Morgen zur gleichen Zeit vor der Haustür der Rue de la Loi kuscheln sich die kleinen Finger in Désirés Hand, und die Beine des Jungen beeilen sich und machen drei Schritte, wenn dieser ruhige Riese einen Schritt macht.

Georges Simenon, Stammbaum Pedigree, 1948

Daniel Niederberger

**Weniger erziehen – mehr leben!**

Alternativen zum Erziehungsstress

ISBN 978-3-907147-08-5

1. Auflage, Dezember 2019



Umschlagzeichnung und Illustrationen: Daniel Niederberger
Korrektorat: Marlis Boeschenstein
Druck und Vertrieb: Books on Demand, Norderstedt
Herstellung und Verlag: Publishing Partners, Biel-Bienne

Mein Dank geht an Josef Duss-von Werdt, der mich in Ausbildung, Supervision und später kollegialen Gesprächen lehrte, möglichst unvoreingenommen über das Menschliche nachzudenken.

Danken möchte ich auch Robert Hartmann, der meiner Fachsprache eine verständliche Note und Lesbarkeit beifügte.

# Inhalt

# Motivation zu diesem Buch

Seit den 1990er-Jahren schenkt die Erwachsenenwelt den Kindern vermehrt Aufmerksamkeit. Ihre Bedürfnisse und die Gefahren, in die Kinder geraten können, wurden erforscht und beschrieben, es wurden präventive Konzepte kreiert und umgesetzt. Anfang der 2000er-Jahre begann eine breite Initiative unsere Erziehung zu thematisieren. Verschiedenste Kreise und Fachleute fordern seither einen aktiven Erziehungsstil. Zentrale Elemente sind klare Regeln, Fördern und Fordern, die Kinder mit einbeziehen, sie mit beteiligen, mit ihnen auf Augenhöhe gehen und sie richtig anweisen. Ihr Potenzial fördern. Eine ganze Generation von Eltern und Lehrern setzt dies vorbildlich um. Es wird viel erzogen.
Parallel dazu begannen zahlreiche Erwachsene zu beklagen, dass die Kinder so schwierig zu erziehen und schlecht erzogen seien. Kinder wurden zunehmend als «erziehungsschwierig» wahrgenommen. Immer mehr Kinder werden schulpsychologisch abgeklärt, gehen in Therapien, bekommen kinesiologische oder andere Unterstützung.
Eltern untereinander klagen, wie viel Erziehungsarbeit sie erbringen müssen. In den Schulen stellt man fest, dass Eltern von der Schule immer mehr verlangen, während die Eltern ihrerseits beklagen, wie viel sie den Kindern mitgeben müssen, damit sie den Anforderungen der Schule entsprechen können. Zahlreiche Eltern fühlen sich bezüglich ihrer Erziehungsaufgabe unzulänglich, im Vergleich zu anderen Eltern als nicht genügend. Das Wort «Erziehungsstress» tauchte auf. Immer mehr Eltern erleben sich mit ihren Kindern in einem solchen Stress.
In meiner über 25-jährigen Tätigkeit als Jugend- und Familienberater bin ich während der letzten zehn Jahre zunehmend den fünf folgenden Phänomenen begegnet:

## Schlechtes Gewissen und Schuldgefühle

Eltern schildern, dass sie latent immer so etwas wie ein schlechtes Gewissen ihren Kindern gegenüber haben, auch Schuldgefühle.

Sie haben den Eindruck, es nie richtig zu machen, nie alles Mögliche gemacht zu haben, stets ungenügend zu sein. Nachgefragt, woher diese Gefühle kommen, können die meisten keine klare Antwort geben. Viele Eltern mit Schuldgefühlen haben keine Trennung oder Scheidung hinter sich, keinen sozialen Abstieg oder markanten Umgebungswechsel mit ihren Kindern. Auch gut gebildete, sogar psychologisch oder pädagogisch geschulte Eltern beschreiben diese Gefühle. Durchschnittliche, durchaus gute Eltern, die vieles richtig machen und als Eltern die Note gut bis sehr gut verdient hätten, kennen das latent im Nacken sitzende Gefühl, es nie recht zu machen.

## Kinder, die den Eltern über den Kopf wachsen

In den Beratungsgesprächen begegnete ich in den letzten zehn Jahren auch zunehmend Eltern, die klagten, ihnen seien die Kinder über den Kopf gewachsen. Es sind vor allem Mütter, die die Hauptlast der Erziehungsarbeit bewältigen, Mütter mit kleinen «Knöpfen» von vier, fünf Jahren, teils auch jünger. Sie schildern, wie ihre Knirpse den Ton angeben, meistens das letzte Wort haben, wie die Kinder sich durchsetzen und den Alltag fast blockieren. Sie erzählen, wie diese zu kleinen Tyrannen geworden sind und die Hierarchie in der Familie umgekehrt haben. Die Kinder haben das Zepter in der Hand.

Oft sind diese Mütter einer Erschöpfung nahe. Häufig bereitet ihnen der nächste Tag schon am Vorabend Kummer. Sie sprechen auch von Eklats: dass sie die Kinder angeschrien hätten, manchmal handgreiflich geworden seien. Und dass es nun auch zu Unstimmigkeiten unter den Eltern gekommen sei, sodass es auch auf der Paarebene Spannungen gebe.

## Große Ängstlichkeit um die Kinder, «Helikopter-Eltern»

Manche Eltern kennen, sehen und spüren im Alltag der Kinder eine Vielfalt von Gefahren. Kaum eine Freude ist ohne Gefahr. Kaum etwas Schönes kann nur mal schön sein, etwas Negatives lauert immer. Es sind Eltern, die bemüht sind, dass nichts passiert. Kein Unfall, keine Blessur, kein Kontakt mit einem Krankheitskeim, keine komische Begegnung, keine seltsamen Ereignisse. Nicht Abschätzbares birgt rasch ein erhebliches Risiko. Die Eltern geben sich Mühe, prospektiv Gefahren abzuschätzen, möglichst viel selbst zu organisieren, nahe bei den Kindern und mit dabei zu sein, möglichst viel zu dirigieren und zu orchestrieren. Den Alltag erleben sie als sehr anstrengend. Nicht wenige erleben dies beim ersten Kind, getrauen sich kaum, an ein zweites zu denken und verzichten darauf.

## Eltern, die sich bei den Kindern vergewissern

Weniger in Beratungsgesprächen, eher durch Beobachtungen unterwegs bemerkte ich, dass Eltern nach einem Gespräch mit den Kindern noch eine Frage stellen wie: Ist das okay? Verstehst du mich? Hast du mich verstanden? Gell? Die Eltern stellen solche Fragen, nachdem sie den Kindern etwas haben beibringen wollen oder mit ihnen etwas abgesprochen haben. In Beratungsgesprächen mit Eltern von «kleinen Tyrannen» oder mit latenten Schuldgefühlen nachgefragt, ob sie auch am Ende von Anweisungen, Erklärungen und Absprachen mit den Kindern solche Fragen stellen, antworten die meisten mit Ja. Sie machen es so, wie es zahlreiche Sachbücher und Artikel über Erziehung anraten: vorankündigen, auf Augenhöhe gehen, mit den Kindern richtig sprechen, erklären, was läuft, sie mit einbeziehen.

Die Kinder sollen sie verstehen können. Sie bemühen sich, damit es für ihre Kinder stimmt und sie einverstanden sind. Die Kinder sollen sie verstehen und sich einzuschätzen lernen.

## Erschöpfte Eltern und Kinder

Immer wieder begegne ich Eltern wie Kindern, die erschöpft sind, irgendwie genervt. Eltern erleben das Familienleben als auszehrend. Mütter gehen bald lieber zur Arbeit, als dass sie sich der Familie widmen mögen. Aussagen wie «Ein Kind ist mir genug, das reicht» sind nicht selten. Man reibt sich in der Familie gegenseitig auf, die Eltern untereinander und die Eltern mit den Kindern. Schnell schaukeln sich Emotionen hoch, schnell und häufig gibt es Streit. Aus dem Haus gehen, sich dafür parat machen, wird häufig zu einer heiklen Situation. Zusammen essen kann man kaum einmal ruhig und gelassen.

## Suche nach Gründen

Als Familientherapeut und Erziehungsberater war ich zunehmend herausgefordert, eigentlich ganz normalen Eltern, die gute Erziehungsgedanken und Erziehungskonzepte haben, zu helfen, aus dem Erziehungsstress und den oben genannten Phänomenen herauszukommen.

Was also liegt diesen fünf Phänomenen zugrunde? Irgendwie war mir klar, dass es nicht an den Kindern liegt. So anders können Kinder in zwanzig, dreißig Jahren nicht geworden sein. Andererseits ist es doch rätselhaft, dass so viele ganz normale Eltern davon betroffen sind und über Erziehungsstress klagen. So manche gute Eltern in fast dauernder Unsicherheit, mit schlechtem Gewissen oder gar Schuldgefühlen. Eltern, die die Leithammelposition verloren haben und deren Kinder quasi das Zepter führen. Wie kommt es, dass so viele Kinder die Eltern auf Trab halten, sie im Griff haben und sie fast zur Verzweiflung bringen?
Ich selbst war als Vater von drei Kindern ebenfalls nahe bei diesen Phänomenen, ihre Mutter noch näher. Beim Sinnieren über die Ursachen kamen mir immer wieder Leute in den Sinn, die nicht wie ich in der Stadt, sondern vom Land kamen, aus den Bergen. In Begegnungen mit ihnen bemerkte ich, dass sie etwas Klareres und Direkteres im Umgang mit ihren Kindern hatten als wir. Sie waren herzlich und liebevoll mit ihnen, wie wir, aber eine Nuance bestimmter, unbekümmerter, gemächlicher. Sie diskutierten weniger über Erziehung und waren irgendwie spontaner, unempfindlicher als wir Städter.
Diese Beobachtung gab mir beim Suchen nach den Gründen eine Richtung vor: Die Leute auf dem Land und in den Bergen übernehmen neue Trends oft etwas später als wir Städter oder gar nicht. Es könnte sich also lohnen, die beschriebenen Phänomene mit der Zeit zu vergleichen, als es diese Phänomene noch nicht gab. Das Heute mit der Vergangenheit vergleichen, mit der Zeit meiner Eltern, meiner Großeltern. Auf diese Weise können wir vielleicht unsere eigene Situation klarer erkennen, eine Standortbestimmung vornehmen und unsere heutigen Werte und Gewohnheiten besser hinterfragen.
So habe ich angefangen zu erkunden, wie es unsere Großeltern und Urgroßeltern gemacht haben, wie sie ihre Kinder erzogen haben. Ich begann zu skizzieren, wie sie lebten, wie ihre Welt, Lebensbedingungen und Umgebung waren. Ich benutzte Gelegenheiten, ältere Leute zu befragen. Auch achtete ich darauf, wie in älteren Büchern die Beziehung der Erwachsenen zu den Kindern beschrieben wurde und welche Bedeutung die Kinder in der Welt der Erwachsenen hatten. Bücher, in denen es nicht primär um die

Kinder geht, sondern wo Kinder einfach vorkommen. Ich blätterte öfter mal in alten Fotobüchern, die das Leben von früher in Dörfern und Quartieren zeigen.
Zwischen dem Heute und der Vergangenheit zu vergleichen, hat allerdings seine Tücken: Rasch scheint uns, dass es früher besser war, obwohl wir eigentlich wissen, dass es nicht so ist. Die Vergangenheit war anders, hatte aber auch große Schattenseiten. Wenn ich im folgenden Kapitel einen Vergleich zwischen dem Heute und dem Gestern wage, werde ich mich deshalb bemühen, vorerst möglichst nur zu beschreiben und nicht zu werten. Einfach nur mal hingucken und schauen, was anders war. Erst danach folgt eine Bewertung.

# Wie war es früher, wie ist es heute? Ein Vergleich

Vergleiche geben uns Werte, lassen erkennen, wo wir stehen. Sie geben Orientierung, zeigen wie auf einer Karte, wo wir herkommen, wo wir uns befinden und geben Hinweise für die Richtung, die wir einschlagen wollen. Man kann sich eigentlich nur im Vergleich erkennen.
Wenn ich im Folgenden die Erziehungsumstände von früher mit denjenigen von heute vergleiche, so habe ich für das «Früher» Familien im Auge, die im Zeitraum von etwa 1900 bis 1960 lebten und einigermaßen intakt waren.
Mich interessiert vor allem, in welcher Verantwortung die Eltern zu ihren Kindern stehen und sich daraus Schuldgefühle ihnen gegenüber ergeben können. Und auch, ob sich Unterschiede in der Grundbeziehung der Eltern zu den Kindern beschreiben lassen.[1]

## Familienplanung

**Vor 1960** kamen die Kinder quasi als ein Geschenk Gottes oder des Himmels, ein Schicksal. Gesund, krank oder nicht ganz gesund – man nahm, was man bekommen hatte. Man erwartete ein Kind, Nachwuchs. Immer schwebte auch die Angst mit, und man musste hoffen, dass alles gut gehe. Viele Mütter starben im Wochenbett, viele Kinder wurden keine Woche alt. Liebe und Ehe war sehr stark verbunden mit Familie, mit Kinderbekommen. Ich glaube, für die meisten jungen Leute war die eigene Zukunft mit dem Mutter- oder Vaterwerden verknüpft. Man lebte quasi im Wissen, dass die Fortpflanzung normal, irgendwie gegeben war, zum Leben gehörte – wenn es möglich war. Die Familie mit Kindern war der gesellschaftlich übliche Weg.

---

1 In diesem Buch schreibe ich der Einfachheit halber meistens von den «Eltern». Darin inbegriffen sind alle näheren, familiären Bezugspersonen. Ich meine alle Erwachsenen, die Kindern so nahe stehen, dass sie mit ihnen im familiären System erziehend und prägend verwoben sind. Mit «Familie» meine ich alle Familienformen.

**Verantwortung und mögliche Schuldgefühle gegenüber dem Kind:** Die Verantwortung der Eltern gegenüber dem Kind war gekoppelt an das Heiratsversprechen, in dem die Familiengründung impliziert oder auch explizit enthalten war. Der Partner, die Partnerin und auch die engere Umgebung gingen davon aus, dass das Paar eine Familie mit Kindern gründen wollte. Eine Schwangerschaft bedrohte die Gesundheit der Mutter. Dass die Geburt gut verlief und die Mutter wie auch das Kind überlebten, war überhaupt nicht selbstverständlich. Vermutlich überwog das Frohsein, das Glück, wenn es gut kam. Man sprach von Dankbarkeit, wenn Nachwuchs möglich und gesund war. Ein Kind war mehr eine erfüllte Hoffnung als die logische Folge einer Handlung.

**Die Grundbeziehung der Eltern zu ihren Kindern** war schicksalhaft. Die Grundbeziehung war geprägt von der Vorstellung, dass die Natur, das Schicksal oder «Gottes Hand» der Dritte im Bunde sei. Eine wichtige Rolle spielt das Glück- oder Pechhaben. Man kann froh sein, wenn das Leben es gut meint und nichts passiert. «Kind, du bist nun unser – wir versuchen das Beste daraus zu machen.» «Kind, du bist mein Schicksal, ich bin deines.»

**Ab 1960** wurde eine «effiziente» Familienplanung möglich, vor allem durch die Anwendung der Pille. Später legalisierte die Fristenlösung Schwangerschaftsabbrüche. Es entstanden neue Entscheidungsmöglichkeiten. Sicher, die Entscheidung, ob man Kinder zeugen will oder nicht, bestand schon immer. Aber mit der Pille und noch mehr mit der Pille danach ergab sich die Möglichkeit, Sexualität freier und unkomplizierter zu leben. Sexualität in der Partnerschaft zu leben, war nun möglich, ohne dass man immer gleich an «Familie» denken musste. Der Akt der Zeugung ist willentlicher geworden. Man kann sich für oder gegen ein Kind entscheiden. Mit den verfeinerten Verhütungsmethoden bekommt man auch die Möglichkeit, den richtigen Zeitpunkt für ein Kind zu bestimmen. Der richtige Zeitpunkt im Leben der Mutter, im Leben des Vaters, in der richtigen Phase des Paares, der Karriere und in der Kinderfolge. Individuelle Entscheide als Einzelperson oder Paar.

Später etablierte sich zusätzlich die Möglichkeit der pränatalen Diagnostik. Auch wenn entschieden ist, dass man ein Kind will, ist es quasi zu einer Normalität geworden, die pränatalen Untersuchungen durchzuführen. Und dann muss man allenfalls mit gar nicht so klaren Informationen zurechtkommen, ein «Risiko» einschätzen, das oft kaum einzuschätzen möglich ist.

**Verantwortung und mögliche Schuldgefühle gegenüber dem Kind:** Die Eltern haben sich für ein Kind, oft sogar für dieses Kind entschieden. Man kennt es seit dem ersten Ultraschall. Man fühlt sich dem Kind, diesem Kind gegenüber verantwortlich, nicht «nur» dem Leben gegenüber, das da kommt. Bis zur Geburt liegen schon einige Entscheide hinter dem Paar: «Ich bin nur bereit für ein Kind, wenn es zum richtigen Zeitpunkt kommt, sowohl in Bezug auf meine Karriere als auch meiner körperlichen Verfassung. Ich muss auch persönlich reif dazu sein.» Oder: «Du, Partner oder Partnerin, würdest noch warten, klar, zuerst noch die Weiterbildung und dann wäre eher das Geld für eine Hypothek zusammen ...» So oder ähnlich könnte eine Entscheidungsformel für das Kind lauten. Auch bei spontanen Schwangerschaften muss man sich für oder gegen einen Schwangerschaftsabbruch entscheiden, weil es die Möglichkeit gibt und man davon weiß. Und man muss sich auch für oder gegen die pränatale Diagnostik entscheiden. Man hat sich mehrere Male vor der Geburt für dieses Kind entschieden. Man fühlt sich deshalb diesem Kind gegenüber ganz persönlich verantwortlich, auch für die gefällten Entscheide über Leben und Familie. Kommt es nicht wie gedacht und geplant, was ja meistens der Fall ist, haben die Eltern schlechte Gefühle. Schuldgefühle gegenüber dem Kind schleichen sich ein.

**Die Grundbeziehung der Eltern zu ihren Kindern** wird durch die erwähnten Entscheidungen direkt und persönlich. «Du, Kind, bist meine Entscheidung, mein, unser Werk – unser Projekt.» Daher fühlen sich die Eltern auch haftbar, für das, was kommt. Gedanken wie «Ich habe mich für dieses Kind entschieden» kennen viele.
Zusätzlich besteht die Gefahr, dass man sich gegenüber dem anderen Elternteil in der Verantwortung fühlt. Man hat Angst vor

Sätzen wie: «Du hast das Kind gewollt, es war dein Entscheid.» Solche Ängste, die sich bei manchen Frauen oder Paaren einschleichen, machen in der Grundbeziehung zum Kind eher unsicher. Denn das Tun und Gelingen des Kindes wirkt sich auf das Beziehungsgefüge des Paares aus. Das belastet auch die Grundbeziehung zum Kind – durch die hohe Verpflichtung, dass es mit diesem Kind gelingen muss.

## Größe der Familienhaushalte

**Vor 1960:** Je mehr Kinder, umso weniger Zeit hatten die Eltern für das einzelne Kind. Je mehr Kinder, umso vernetzter lebte ein Kind. Geschwister waren Bezugspersonen, bildeten in der Familie eine eigene Fraktion. Je mehr Kinder, umso mehr wurden auch Großeltern oder andere Hütepersonen ins Familienleben integriert. Man lebte in Bauernhäusern mit mehreren Generationen und Gesinde. Und man lebte in kleinen hellhörigen Wohnungen, allenfalls waren Schlafräume oder Nasszellen nur über das Treppenhaus zugänglich. Die Kinder verbrachten sehr viel Zeit draußen. Das Gefühl der Eltern für den direkten Einfluss, die «Macht» über ein Kind war relativ klein. Die anderen Hausbewohner waren ja auch beteiligt. Man verließ sich darauf, dass das Kind um die Geschwister herum, bei der Oma oder der Tante, dem Gesinde, den

anderen Kindern draußen dies und das mitbekomme, von den anderen abschauen könne. Die Erwachsenen hatten dies während ihrer Kindheit selbst erfahren. Gabs mit Familien- oder Haushaltsmitgliedern Krach, fand sich rasch ein anderes, mit dem man aktuell nicht im Zwist stand. Schimpfte die Mutter und war sie garstig, tröstete die Großmutter. Hatte das Kind den «Rappel», konnte man sich ihm abwechslungsweise widmen beziehungsweise es abwechslungsweise ertragen.

**Verantwortung und mögliche Schuldgefühle gegenüber dem Kind:** Das Kind ist das Produkt der Gemeinschaft, die Kinder lernen bei verschiedenen Haushaltsmitgliedern. Die Verantwortung ist deshalb geteilt. Läuft mit dem Kind etwas schief, können alle aus dem Familienhaushalt daran schuld sein. Die Eltern können sich sagen: «Das hat das Kind nicht von mir gelernt, diese Marotte kommt nicht von mir» und sich so von Schuldgefühlen entlasten.

**Die Grundbeziehung der Eltern zu ihren Kindern** ist von Toleranz geprägt, denn die Eltern sind nicht den ganzen Tag mit den Problemen und Ansprüchen der Kinder konfrontiert. Sie sagen: «Wir müssen schauen, dass es gut kommt, aber ich allein kann es für dich nicht richten.» In der Grundbeziehung kann sogar Solidarität zwischen Eltern und Kindern entstehen, weil der Familienhaushalt als Ganzes sich bewähren muss. Die Grundbeziehung zum einzelnen Kind: «Ich gebe dir, was ich kann, du kannst auch von anderen lernen, schau, was du wo bekommst, schau zu dir selbst und lerne dich bei den anderen durchzusetzen oder zu wehren.»

**Ab 1960:** Mit der Familienplanung sind die Familien im Durchschnitt kleiner geworden. Ein einziges Kind macht es aus, dass ein Paar zur Familie wird. Ein oder zwei Kinder sind der Mittelpunkt, die «Erfüller» des elterlichen Familienplans. An ihrem Verhalten und Gelingen zeigt sich, wie gut die Eltern sind. Die Kinder geben den Eltern mit ihren Erfolgen oder Misserfolgen gute oder schlechte Gefühle, ermöglichen Stolz oder provozieren Scham. Man kann sagen, dass Kinder Eltern «kleiden», das Selbstwertgefühl der Eltern beeinflussen. In Familien mit wenigen Kindern verbringen die Eltern in der Regel mit ihren Sprösslingen viel Zeit, wenn sie nicht bei der Arbeit sind. Die Sequenzen des Zusammenseins sind direkt und intensiv. Wenn die Eltern da sind, «ist» intensiv Familie. Man widmet sich der Familie, erzieht, genießt Geborgenheit.

Aus dem Familienleben schöpfen Eltern einen großen Teil ihres Lebensgefühls, oft ist es die lebenserfüllende Komponente neben dem oft als hart empfundenen Berufsleben. Die Erfüllung und Bestätigung der Identität als Mutter oder Vater, als Familie geschieht größtenteils in der Familienwohnung. Diese Situation ist aber fragil: Hat ein Kind mit den Eltern Streit, hat es gleich mit der ganzen Familie Streit. Ein quengelndes Kind bestimmt die ganze Familienatmosphäre, Stunk in der Wohnung. Schlechte Stimmung kann nicht ausweichen, bleibt in der Wohnung, muss rasch überwunden werden. Dann sind die Eltern gefordert, richtig zu handeln, richtig zu erziehen. Doch selten haben Eltern immer den richtigen Kniff zur Hand. Spannungen in kleinen Haushalten wegen der Kinder sind sehr häufig, Paare belastet das.

**Verantwortung und mögliche Schuldgefühle gegenüber dem Kind:** Die sensiblen Wechselspiele in Kleinfamilien zwischen dem Es-zusammen-schön-Haben und den häufigen Spannungen belasten Eltern in dem Sinn, dass sie immer das Gefühl haben, es nicht gut genug zu machen und den Kindern zu wenig geben zu können. Sie spüren oft auch Druck vonseiten des anderen Elternteils: «Nicht auch noch Stress zu Hause!» Oder sie haben Angst, die Erwartungen an das ersehnte harmonische «Familienglück» nicht erfüllen zu können. Von den Eltern geht dieser Druck auf die Kinder über, und diese reagieren meistens entsprechend. Wenn die Eltern dies erkennen, meldet sich das schlechte Gewissen, es entstehen Schuldgefühle.

**Die Grundbeziehung der Eltern zu ihren Kindern:** Die Kinder sind für die Eltern sehr wichtig. Sie prägen oft die Familie, machen die Familie aus, schenken den Eltern die zufriedenen Lebenssequenzen. Die Kinder sind oft auch bedrohlich. Denn die Eltern sind für ihr Familienglück stark auf die Kinder angewiesen. Fast immer haben sie im Hinterkopf: «Ich muss die Kinder im Griff haben, sonst gehts der ganzen Familie schlecht.» Sie bemühen sich, ihre Kinder sehr gut zu kennen, damit sie sie besser lenken können. Die Grundbeziehung zum einzelnen Kind: «Ich habe dich so lieb, aber bitte, bitte mach mit!»

## Zukunftswünsche für die Kinder

**Vor 1960** lebten viele Eltern in Armut. Zusammen mit ihren Kindern litten sie an Mangel oder lebten zumindest im Wissen, dass es an diesem oder jenem fehlte. Das Geld war knapp. Wurde ein Elternteil krank, konnte es bedrohlich werden, die Armut stand vor der Tür. Väter verbrachten viele Stunden bei der Arbeit, Mütter hatten einen großen Aufwand, Wäsche, Haushalt und Essen zu besorgen. Meistens mussten sie noch etwas dazuverdienen. Die Wohnverhältnisse waren meistens knapp, man war froh, wenn ein Kind bald auszog, bald selbstständig wurde. Im Kleingewerbe und in Bauernbetrieben war vorgesehen, dass der älteste Sohn einmal das Geschäft oder den Hof übernahm. Der Glaube verpflichtete teilweise auch dazu, ein Kind in die kirchliche Welt zu geben, zzum Beispiel in ein Kloster. Wenn eine Familie viele Kinder hatte, so war der Platz für die jüngeren draußen in der Welt. Ein Kind konnte vielleicht studieren, die andern mussten einen anderen Weg suchen.

**Verantwortung und mögliche Schuldgefühle gegenüber dem Kind:** Sicher gab es Schuldgefühle aus der Situation heraus, dem Kind nicht geben zu können, was es brauchte, den Mangel nicht beheben zu können. Allenfalls auch Schuldgefühle, den Kindern keine Ausbildung ermöglichen, sie nicht in eine Lehre schicken oder studieren lassen zu können. Diese Schuldgefühle bezogen sich primär auf die materielle Situation, weniger direkt auf das einzelne Kind.

**Die Grundbeziehung der Eltern zu ihren Kindern:** Eine Art Leitmotiv, eine wiederkehrende Botschaft der Eltern an die Kinder für ihre Zukunft war: «Wir haben auf dem Hof, im Betrieb einen Platz für den Ältesten. Für die anderen ist die Welt draußen die Zukunft. Lernt, seid fleißig und seid schlau. So schafft ihr es mit etwas Glück und Geschick, aus der Armut zu kommen.» Sie sollen es besser haben, weiter kommen, die Welt steht offen.

**Ab 1960:** Die materielle Situation der Eltern ist nicht mehr so entscheidend für Ausbildung und Berufswahl der Kinder. Den meisten Eltern geht es materiell besser, und das sozial ausgerichtete Gemeinwesen fördert die Chancengleichheit. Den meisten Eltern ist es wichtig, dass ihr Kind seinen Weg findet, seine Talente leben und ausformen kann und später einen Beruf wählt, der ihm entspricht. Die Kinder sollen sich entfalten und verwirklichen können. Die Bildungswege stehen offen. Ist ein Kind noch im Kindergarten, sieht man einen breiten Fächer von Möglichkeiten für seinen Sprössling. Schon im Kindergarten an den Beruf denken? Nein, das kommt später. Zuerst soll es mal glücklich und lieb sein. Trotzdem wissen die Eltern, dass die Arbeitswelt einmal kommen, streng und hart sein wird. Viele beginnen das Kind dennoch schon früh zu fördern und zu schulen, damit es später mal den Beruf wählen kann, der zu ihm passt. Die Zeit des Förderns dauert lange, Kinder sind sehr lang ziemlich unvollkommen, wechselhaft, durchleben Entwicklungsphasen – da ist es schwierig, zu erkennen, wo man in seinem Fortschritt mit ihm steht. Über eine sehr lange Zeit ist man nicht am Ziel, man ist eigentlich nur immer unterwegs. Die Eltern sind im Ungewissen, ob es gelingt. So richtig zufrieden sind sie selten mit dem Kind. Immer wieder werden kleine Korrekturen vorgenommen, man tappt vorsichtig weiter, hoffentlich vorwärts.

**Verantwortung und mögliche Schuldgefühle gegenüber dem Kind:** Den Zwiespalt, dem Kind eine schöne Kindheit zu geben und es doch immer zu drängen, tüchtig zu werden, spüren viele Eltern. Sie sind verunsichert und wissen nicht, ob sie das richtige Mass finden. Öfter haben sie ein schlechtes Gewissen, weil sie es da oder dort wieder übertrieben haben. Sie sind nah beim Kind, spüren die Verantwortung und wissen doch nicht so recht, wohin es gehen soll, ob sie es richtig oder falsch machen. Das kann zu Schuldgefühlen führen.

**Die Grundbeziehung der Eltern zu ihren Kindern:** Den Eltern ist es wichtig, dass es das Kind schön hat, Kind sein darf. Es soll sich ungehindert entfalten können. Sie sind vorsichtig mit ihm, damit sie mit ihm den richtigen Weg finden. Sie wollen das Kind aber auch lebenstauglich machen, fördern und schulen, damit es später seinen Beruf wählen kann, der ihm entspricht und gefällt. «Kind, wir sorgen gemeinsam für dein Glück, aber du musst dich auch anstrengen.»

## Kaufkraft und Konsum

**Vor 1960** oder noch etwas früher, gabs an Weihnachten Socken. Vieles, was Kinder an Bescherungen bekamen, war etwas Praktisches, Notwendiges. Sicher nicht nur Kleider, es konnte auch ein Schlitten sein, ein Puppenhaus, das allenfalls der Großvater geschreinert hatte. Eltern mussten sich oft überlegen, wie sie das Geschenk berappen konnten.
Bei gar manchen gab es dafür ein spezielles «Kässeli». Man zwackte im Alltag mal da und dort was ab, damit man dann etwas Tolles schenken konnte. Die Eltern konnten ihren Kindern eine große Freude bereiten, wenn sie ihnen etwas schenkten, das sie sich so sehnlichst wünschten. Die kitschigen Bilder mit den glücklichen Kindern bei der Bescherung sind gar nicht so kitschig. Sie zeigen Freude, große Freude. Für kostspieligere Wünsche konnten auch Götti, Tante und Oma eingespannt werden, zusammen er-

möglichten sie ein teureres Geschenk. Größere Kinder konnten auch sparen und einen Teil selbst beisteuern. Geschenke gab es nicht oft im Jahr, üblicherweise an Weihnachten und Geburtstag. An Ostern lag ein Osterhäschen im Nest und allenfalls noch was Kleines. Oft ging es Monate oder gar Jahre, bis ein Wunsch in Erfüllung ging. Ein Stück Fleisch gab es vielerorts nur am Sonntag. Es gab immer etwas, das fehlte, auf das man warten musste, zum Beispiel auf ein Lineal für die Schule oder einen schönen Füllfederhalter.

**Verantwortung und mögliche Schuldgefühle gegenüber dem Kind:** Es gab sicher Schuldgefühle aus der Situation heraus, dass die Eltern nicht in der Lage waren, den Mangel zu beheben und dem Kind alles zu geben, was es brauchte. Allenfalls hatten sie auch Schuldgefühle, wenn der Vater den Zahltag in die Beiz trug statt nach Hause, was oft vorkam.

**Die Grundbeziehung der Eltern zu ihren Kindern:** «Liebes Kind, ich würde dir gerne mehr geben, aber unser Geld reicht einfach nicht aus.» «Ich kann dir zeigen, wie man zu etwas kommt.» So konnte auch eine Solidarität entstehen, im Sinne von: «Zusammen erreichen wir es, zusammen können wir die Wünsche erfüllen.» Schenken konnte echte, «nachhaltige» Freude bereiten.

**Ab 1960** ist im Prinzip fast alles, was Kinder brauchen und wünschen, relativ einfach zu erwerben: gute Esswaren, Süßes, Spielwaren, Modisches. Kaum einmal reicht das Geld nicht. Vieles ist schon vorhanden, oft geht es noch darum, etwas Idealeres oder Besseres zu finden. Heute gibt es einige Gelegenheiten mehr als Weihnachten und Geburtstag, um den Kindern etwas zu schenken – der Markt ist einfallsreich. Eltern wissen aber auch, dass es nicht gut ist für die Kinder, sie dauernd zu beschenken. Die Kinder müssen lernen, mit dem Konsum richtig umzugehen. An Weihnachten überschütten Großeltern, Gotte, Götti, Tanten und Onkel, vor allem wenn sie noch kinderlos sind, die Kinder mit Geschenken. Heute kommen häufig auf ein Kind fünf solche familiennahe Erwachsene, die gerne einhundert Franken für ein schönes Geschenk für ein Kind spendieren, sich manchmal sogar darin konkurrenzieren.

Den Eltern graut vor solchen Geschenkanlässen, weil die Kinder ein Paket nach dem andern aufreißen, den Inhalt hastig ausprobieren, weglegen oder gar nicht richtig anschauen … und schließlich die Gefahr besteht, dass sie überfordert in eine Krise geraten und neusten Geschenke herumzuschmeißen beginnen. Manche Eltern verzichten bewusst darauf, ihren Kindern selbst etwas Schönes zu schenken, weil es die Kleinen ja gar nicht mehr schätzen können. Beim alltäglichen Einkaufen, wo Kinder oft dabei sind, in den Ferien, wo es Souvenirs zu kaufen gäbe, beim Kleiderkaufen – überall sind die Eltern zum fast dauernden Neinsagen gezwungen. Man könnte schon das Bessere, Teurere kaufen, aber es ist nicht sinnvoll, verwöhnt ja nur, man muss vernünftig sein.

**Verantwortung und mögliche Schuldgefühle gegenüber dem Kind:** So oft Nein sagen müssen, obwohl man die begehrten Waren eigentlich bezahlen könnte, ist auf die Dauer zermürbend. Anlässe wie Weihnachten werden zu einem erzieherischen Akt. Es gibt so viele Möglichkeiten, zu konsumieren, und man muss fast immer Nein sagen. Die Kinder können noch so schöne Augen machen, man muss sie immer wieder enttäuschen. Einem Kind, das man liebt und gern hat, das Gewünschte zu verweigern, gibt kein zufriedenes Gefühl. Und so oft kauft man dann doch etwas, um die Unzufriedenheit kurz zu stillen, was auch wieder leicht «schuldig» machen könnte.

**Die Grundbeziehung der Eltern zu ihren Kindern:** Eltern können Kinder mit Geschenken kaum mehr erfreuen. Man ist gezwungen, fast dauernd Nein zu sagen, die Vernunft walten zu lassen. «Liebes Kind, ich muss dich einschränken, muss dich lehren, mit dem Konsum umzugehen. Du kannst dich ja sonst nicht mehr richtig freuen über Geschenke.» Für die Kinder Glück suchende und kaum findende Eltern.

## Lebensskript

**Verantwortung und mögliche Schuldgefühle gegenüber dem Kind:** Man war dem Leben, der Gesellschaft gegenüber verantwortlich, Eltern zu werden. Kinder zu haben, war für Eheleute eine Verpflichtung, aber auch eine Erfüllung. Diesbezüglich ist nicht mit Schuldgefühlen zu rechnen: Wer Kinder hat, hat etwas eingelöst. Schuldgefühle anderer Art gab es aber sicher. Zum Beispiel ,zu früh Mutter geworden zu sein, ein Kind in die Armut geboren zu haben oder außerehelich schwanger geworden zu sein. Schuldgefühle, es nicht besser gemacht zu haben, töricht gewesen zu sein.

**Die Grundbeziehung der Eltern zu ihren Kindern:** Familie war im Lebensskript enthalten, war nicht eine Alternative, war für Mann oder Frau eine Erfüllung, die Rechtfertigung der Ehe. Kinderhaben gehörte zum Leben. Die Grundbeziehung zum Kind:

«Du gehörst dazu, bist selbstverständlich, genauso wie die Sorgen, die wir mit dir haben.» «Kind, du bist unsere Zukunft, wir zählen auf dich.»

**Ab 1960:** Heute geht der Lebensphase, in der man an eine eigene Elternschaft zu denken anfängt, ein Selbstwerdungsprozess voraus, der vor allem zwei Faktoren beinhaltet. Einerseits stehen die eigenen Begabungen, Wünsche und Bedürfnisse im Zentrum. Man will ein guter, wertvoller und selbstbestimmter Mensch werden, sich selbst verwirklichen. Als Jugendlicher bzw. Jugendliche sucht man die eigene Identität, ist einer Peergroup zugehörig (Rocker, Popper u.a.), man ist Musiker, Sportler, übt ein Hobby aus. Andererseits wird mit der Lehre und Weiterbildungen oder einem Studium der berufliche Werdegang immer wichtiger. Freizeit und Karriere sind zwei wichtige Lebensfaktoren, die für die Bildung von Lifestyle und Identifikation junger Menschen von grosser Bedeutung sind. Viele erreichen, was sie erreichen wollten, und haben gelernt, dass sich Planen lohnt. Sie haben etwas erreicht, einen Lebensstatus, und ihr eigenes Image geformt. «Etwas werden», «etwas sein» hieß bis dahin das Lebensskript. Geht es dann später um die Frage, ob man eine Familie gründen will, ist dies lediglich eine Option, eine Möglichkeit, sein Leben zu ändern und neu zu gestalten. Meistens hofft man, in der Familie und eigenen Kindern das Glück zu finden, das man bis dahin vielleicht doch nie ganz gefunden hat. Das Glück ist dabei der Maßstab. Denn das wichtigste Lebensskript der meisten Menschen heißt «glücklich werden».

**Verantwortung und mögliche Schuldgefühle gegenüber dem Kind:** Mit dem Schritt in die Familienphase verändert sich sehr vieles. Der Alltag verläuft völlig anders, Nächte oft auch. Die Freizeit hat weniger Stunden, und der Freundeskreis ist nicht mehr der gleiche. Die eigenen Eltern, nun Großeltern, werden meistens wieder wichtiger. Das Paar erlebt sich jetzt auch als Eltern, es zeigen sich bei beiden Partnern neue Seiten. Eine Neuverteilung der Zeit wird nötig, und oft muss neu geklärt werden, wie man als Paar zueinander steht. Familie bedeutet vor allem für Frauen, dass sie mit Karrierehemmnissen fertig werden müssen. Und die Männer können nicht mehr all ihre Energie und Zeit in den Beruf stecken. Das Budget wird oft knapper. Vieles, was die Identifikation aufrechterhielt, wird eingeschränkt, im Beruf wie in der Freizeit. Das alte Image wackelt. Eine Neuorientierung ist gefordert. Was brauche ich, mache ich noch? Wo habe ich meine Prioritäten? Viele staunen darüber, dass die Realität so anders ist, als sie sie sich ausgemalt und geplant haben. Wenn die Freude an den Kindern eines Tages nicht mehr alles andere überwiegt, fühlt man plötzlich den Preis des Wechsels, vermisst das Aufgegebene und Verlorene. Dann erlebt man das Familienleben und die Kinder oft als Ballast statt als Freude. So ergeben sich auch zwiespältige Gefühle den Kindern gegenüber. Kann man nicht immer voll und ganz zu den Kindern stehen, lässt man sie dies spüren und erkennt man sich selbst als Verursacher von Spannungen, führt dies leicht zu einem schlechten Gewissen.

**Die Grundbeziehung der Eltern zu ihren Kindern:** Viele wachsen dank ihrer erworbenen Reife ins Familienleben hinein und identifizieren sich mit ihrer Elternrolle. Viele aber tun sich schwer damit. Sie bleiben die jungen Leute, die sie waren, und leben Familie bloß als Option. Sie erleben Familie mit all ihren Veränderungen und Einschränkungen als Spagat zwischen dem Wunderbaren und dem Verlorenen. Probleme rund um Familie und Kinder sind nicht mehr in der gewohnten alten Art zu lösen, mit Analysieren, Überdenken und Neugestalten. Vieles muss improvisiert werden. Das Elternpaar ist nicht mehr einfach ein Liebespaar. Kinder werden den Eltern oft ein Rätsel. Eltern erleben Kinder auch als «Akteure», die verunsichern. Im Trubel der lebhaften Kinderstube ist oft kaum zu spüren, welchen Gewinn das Familienleben den Eltern bringt. Die einst gemachte Rechnung droht nicht aufzugehen: Das Glück ist nur noch selten zu spüren. So können sich Erwartungen an die Kinder einschleichen: «Kind, du warst eine Option. Ohne dich hätte ich, hätten wir … Du musst mir doch so viel geben können, dass sich dies alles lohnt.» Eltern erwarten, dass die Kinder sie glücklich machen und so dem erweiterten Lebensskript recht geben.

## Erziehung und Pädagogik

**Vor 1960:** Selten sprach man von Pädagogen oder Pädagogik. Die Meinung, wie man erziehen sollte, war Volksgut. Die meisten Leute hätten etwa die gleichen Erziehungsansichten geäußert. Man war sich über eine große Bandbreite einig, worauf es ankomme. Artig sein, vielleicht eher für Mädchen. Tüchtig sein. Gehorchen musste man. Tun, was Eltern und andere Respektspersonen sagten, zuverlässig sein. Über die Härte, allenfalls den Drill, war man sicher unterschiedlicher Meinung. Man war sich aber einig, dass auch mal Härte sein muss. Man erzog so, dass die Töchter einmal ihrer Rolle als Hausfrau und Mutter gerecht werden konnten, die Söhne erzog man zum «Mann». Man redete von den vier mittelalterlichen Menschentypen Sanguiniker, Choleriker, Phlegmatiker und Melancholiker, von Instinkten und Disziplin. Die meisten Eltern lebten in einer Welt, wo es galt, die Kinder vor der Sünde zu bewahren. Kinder konnten auch schlecht sein. Man kannte die Schliche des Teufels und musste die Kinder vor der Versuchung bewahren. Vor den 60er-Jahren waren Bücher über Psychologie und Erziehung meistens nur in den Bücherregalen von Lehrern und Studierten zu finden. Zeitschriften veröffentlichten hauptsächlich Artikel zur Kinderpflege. Bücher für Eltern waren meist im moralischkirchlichen Genre. Sie vermittelten, was die Geistlichen und Lehrer predigten und schulmeisterten. Fabeln, Legenden und belehrende Romane waren Quellen für Überlegungen zur Erziehung. Die Bildergeschichten von Wilhelm Busch und der Struwwelpeter zeigen bestens, in welcher Weise erzieherisch gedacht wurde.

**Verantwortung und mögliche Schuldgefühle gegenüber dem Kind:** Auch wenn die Eltern einiges falsch machten, hatten sie wohl doch eher das Gefühl, gemacht zu haben, was man machen konnte. Leid tat es den Eltern sicher immer, wenn es ein Kind schwer hatte. Aber es war eben mehr oder weniger so, wie es war, und sie sagten: «Wie es Gott geschaffen hat.»

**Die Grundbeziehung der Eltern zu ihren Kindern:** «Ich muss zu dir schauen, du bist in Gefahr. Ich sorge dafür, dass wir vor Gott recht dastehen, und auch vor den Nachbarn. Benimm dich so, wie es der Lehrer gern hat und der Pfarrer.» «Man muss Kinder erziehen. Wie das geht, ist doch einigermaßen klar. Hauptsache, sie werden einmal eine gute Mutter oder ein tüchtiger Vater.»

**Ab 1960:** Infolge des Aufbruchs von 1968 wurde Erziehung neu definiert. Man kann heute wählen zwischen einer antiautoritären, geschlechtsneutralen oder gendergerechten, kollegialen, kooperativen, Gewalt ausschließenden, aggressionsarmen und zahlreichen weiteren Erziehungsmethoden. Jede Methode hat ihre Website. Viele Eltern wüssten eigentlich, dass sie einen Erziehungskurs machen müssten. Das Angebot ist groß. Es gibt für jedes Alter die richtigen Ansätze, Erziehungshaltungen, Elternverhaltensweisen oder Beziehungsbegegnungen. Man muss nur die richtige Literatur oder den richtigen Kurs finden. Es gibt für die meisten Erziehungssituationen die richtige Haltung, die richtige Augenkontakthöhe, die richtige Miteinbezugsmethode, die richtige Nein-sagen-Verbalisierung. Und die Kinder gehen in die Schule. In den notenfreien ersten Schuljahren wird das Kind nach den Kriterien der ganzheitlichen Beurteilung und Förderung bewertet. Grün bedeutet gut, weiter so; Gelb heißt Stopp, Vorsicht, und Rot bedeutet Stopp, Alarm. Kinder müssen sich einbringen können, auf andere Kinder adäquat reagieren, Bedürfnisse anmelden, sich verbal ausdrücken und noch einiges mehr können. Je nach Schule variieren diese Maßstäbe ein bisschen. Das gibt eine Rückkopplung in die Familie. Eltern erziehen nun teils auch für das soziale Verhaltensmuster in der Schule. Eltern müssen wissen und Auskunft geben können, wie sich ihr Kind in Bezug auf diese Kriterien verhält, auch zu Hause. Die Schulen wechseln alle paar Jahre ihre pädagogischen Konzepte. Das heißt für Eltern, die mehrere Kinder haben, dass sie sich mit mehreren Methoden für die Vermittlung von Mathe, Lesen oder Frühenglisch vertraut machen müssen. Und das Spielen? Mit dem Spielen um des Spielens willen ist es vorbei. Von jedem Spielzeug kennt man den pädagogischen Wert. Spielen Eltern mit den Kindern, so bringen sie ihnen immer auch etwas bei, erziehen, und man weiß, wofür man es tut: für das Gleichgewicht, die Feinmotorik, die Sprachbildung, das Taktgefühl, das Selbstwertgefühl, ... Erziehen heißt fördern. Ist die Musikbeschallung des Embryos im Mutterleib schon Erziehung, oder ist das sehr frühe Förderung? Und was fördert das Mutter-Kind-Turnen? Den Körper, den Geist und die Seele oder eher eine harmonische Beziehung zwischen Mutter und Kind? Ich denke, es ist genug aufgezählt. Es gäbe noch einige weitere Tipps, Methoden oder Interventionen, die das Kind weiterbringen und fördern. Zum Beispiel Lebensmittel, die die Intelligenz fördern, und Ritalin für ruhige Kinder.

**Verantwortung und mögliche Schuldgefühle gegenüber dem Kind:** Kinder sind nie im Durchschnitt. Jedes ist mehr oder weniger speziell. Einiges kann es beeindruckend gut, in anderem ist es einfach schwach. Eltern, die alles gut machen und das Kind ganzheitlich fördern wollen, müssen fast zwangsläufig das Gefühl entwickeln, es nicht gut gemacht, vielleicht sogar versagt zu haben. Das Wissen, was sie noch anderes hätten tun oder an Hilfe «einkaufen» können und es doch nicht gemacht haben, oder zu spät oder das Falsche, fördert Gefühle des Versagens, Schuldgefühle. Kinder bleiben immer auch ein Rätsel, man kann gar nicht alles richtig machen.

**Die Grundbeziehung der Eltern zu ihren Kindern:** Viele Eltern fühlen sich heute stark für die Entwicklung und Förderung des Kindes verantwortlich. «Ich finde für dich Unterstützung und die richtige Methode. Als dein Coach muss ich dich gut, sehr gut kennen, gut beobachten, dich analysieren können, damit ich das Richtige für dich finde. Auch wenn du gut bist, es gibt immer etwas, das man fördern kann. Heute gibt es für jedes Kind die richtige Methode, man muss sie nur finden.»

## Psychologie

**Vor 1960:** Das Wort Psychologie benutzten nur wenige. Es gab Psychiater. Vom «Büsiater» sprach man auf dem Bauernhof, wo ich als kleiner Knopf Ferien verbrachte. Die Psychiatrie war weit weg, meistens auch geografisch. Irres war Irres, unbegreiflich. Spinner waren Spinner, Originale, die im Kopf anders waren als normale Menschen. Sie hatten ganz einfach einen Vogel. Das Wissen von Freud und den anderen Psychoanalytikern war die Kompetenz der Psychiater. Unsere Großmütter hatten keinen Wortschatz, um für Kinder eine Diagnose oder psychische Disposition zu formulieren. Ihre Kinder waren ruhig, zufrieden, weinten nicht sofort, waren von froher Natur, allenfalls zimperlich, mürrisch, frech. Kinder, denen es nicht gelang, zu gehorchen, waren schlechte Kinder, die brauchten nur die richtige Erziehung. Gefühle hatten die Leute in Hülle und Fülle, aber sie waren kaum Gesprächsgegenstand. Gefühle waren oft in Rituale und kirchliche Bräuche eingebettet, waren kanalisiert. Trauerkleidung, Fest und Tanz an bestimmten Tagen, Namenstagsfeiern, Trachtenfeste. Dostojewski, Gontscharow, Simenon und andere Schriftsteller beschrieben zwar einfühlsam und ausführlich, was die Menschen innerlich bewegte, sie protokollierten ihre Gefühlsregungen. Aber sie beschrieben die Menschen als Wesen, die mehr oder weniger in sich gefangen blieben: Die Psyche war ein Antrieb, ein Geschehen im Innern, das man als Naturphänomen akzeptieren musste. «Sein Wesen macht, dass er…»

Der Mensch hatte einen guten oder schlechten Charakter, war Sanguiniker, Phlegmatiker, Choleriker oder Melancholiker. Jeder musste lernen, mit seinem Charakter zu leben.

**Verantwortung und mögliche Schuldgefühle gegenüber dem Kind:** Schuldgefühle gegenüber dem Kind zu bekommen, war kaum gegeben, weil sich die Eltern mit ihren Kindern in der gleichen Schicksalsreihe wähnten. Eltern stammten aus einer Familie, die so und so geprägt war. Die Psyche des Kindes war sein Charakter, den es vom Schicksal erhalten hatte. Damit war kaum eine persönliche Verantwortung verbunden.

**Die Grundbeziehung der Eltern zu ihren Kindern:** «Du bist wie du bist, hast deinen eigenen Charakter mitbekommen. Ich helfe dir, mit diesem Charakter zurechtzukommen.» Allenfalls wusste man auch, dass ein Charakterzug in der Familie lag. Der Apfel fällt nicht weit vom Stamm. Die Eltern halfen Kindern, mit Gegebenem, dem von Natur Bedingten möglichst gut umzugehen.

**Nach 1960** hielt die Individualpsychologie Eintritt in die Gesellschaft. Begriffe wie das Unbewusste, Tiefenpsychologie, orale und anale Phase, Ödipuskomplex begannen sich zu verbreiten. Die 68er-Bewegung entdeckte die Selbstverwirklichung. Plötzlich interessierten sich größere Bevölkerungsgruppen für Schamanentum, Reinkarnation, Yoga, Trips mit psychedelischen Drogen. Die Diagnosen der psychischen Erkrankungen differenzierten sich. Verschiedenste Psychosen und Neurosen wurden erkannt und benannt. Heute kennt man nach der Klassifikation ICD-10 fast 100 verschiedene Diagnosen im Bereich der psychischen Erkrankungen. Die Forschung zeigte psychosomatische Zusammenhänge auf, die Schulpsychologie beschrieb Störungen wie die Legasthenie, das POS oder psychomotorische Störungen. Man erforschte und entwickelte Psychotherapien nach Freud und Szodi, die Verhaltenstherapie, die Analytische Therapie, die Gestaltpsychologie, die Hypnosetherapie, die Körperpsychologie und noch einiges mehr. Latent geriet jeder und jede in Gefahr, neurotisch zu sein. Bald wusste man auch in der breiteren Öffentlichkeit, dass es Traumata gibt, zum Beispiel das Geburtstrauma, oder dass zu früh abstillen zu einer tiefen Depression, zu einem Komplex oder einer Neurose führen kann, auf jeden Fall psychische Folgen hat, ja fast haben muss. Und was bewirkt zu langes Weinenlassen? Zu schnelles Hungerstillen? Eltern wissen heute immer mehr, womit sie was auslösen könnten, was unbedingt zu vermeiden ist. Dient ein Geburtsvorbereitungskurs auch der Prävention eines Geburtstraumas? Eltern müssen heute sehr viel richtig machen, wenn das Kind keine psychischen Störungen bekommen soll. Immer wieder erfährt die Öffentlichkeit brisante Neuigkeiten. Im Herbst 2015 haben Forscher herausgefunden, dass depressive Stimmungen während der Schwangerschaft das Hirnwachstum des Kindes beeinflussen können, allerdings ist nicht bekannt, in welchem Mass. 2018 erfuhr man, dass man Kinder auf Traumata vorbereiten sollte. Therapien versprechen Optimierung, für jede psychische Leichtschräglage findet man die exakt zugeschnittene Therapie. Es gibt die Möglichkeit, den Entwicklungsstand des Kindes auf der Basis der Entwicklungspsychologie zu beurteilen. Man kennt Parameter, in welchem Alter sich ein Kind so und so ausdrückt, welche Verbalisationsformen es wann beherrschen sollte. Irgendwo steht geschrieben, in welchem Alter Kinder normalerweise fähig sind, Menschen mit Kopf, Körper und Extremitäten zu zeichnen, Gefühle zu formulieren und Emotionen selbst zu regulieren.

**Verantwortung und mögliche Schuldgefühle gegenüber dem Kind:** Jede Macke des Kindes ist heute keine Macke mehr, sondern eine Tendenz zu einer Fehlentwicklung, die hätte vermieden werden können. Kommts nicht optimal, haben die Eltern etwas falsch gemacht oder zumindest die Hilfe falsch aufgegleist. Sind Kinder etwas seltsam, faul oder zappelig, so ist etwas in der Familie, in der Erziehung, in der Schule, im Ballettunterricht oder sonst irgendwo nicht gut. Braucht es dieses Mal Bachblüten oder Kinesiologie? Oder braucht es eine Abklärung? Ist das «zappelphilippige» Kind womöglich agitativ unzentriert oder hyper-feinmotorisch-minimal gesteuert? Wieder muss man das Richtige suchen, wählen, sich für etwas entscheiden. Die Auswahl ist groß, und groß ist auch die Wahrscheinlichkeit, nicht rechtzeitig das Richtige zu finden. Da besteht natürlich die Gefahr, dass sich so etwas wie ein schlechtes Gewissen bildet und man sich der großen Verantwortung für das Kind kaum gewachsen fühlt.

**Die Grundbeziehung der Eltern zu ihren Kindern:** «Du bist gefährdet, ich muss deine Psyche kennen.» «Ich muss dauernd auf der Hut sein, damit ich deinen inneren Zustand einschätzen kann und keine Fehlentwicklung verpasse.»

Das Kind ist dauernd auf dem «durchleuchtenden» Prüfstand. Eltern besetzen auf diese Weise stark die innere Welt ihrer Kinder. Manche fühlen sich stark deutungsmächtig, sie glauben, deren seelischen Zustand zu kennen. Als gute Eltern sehen sie sich verpflichtet, die Psyche, das Denken und Fühlen der Kinder zu lenken.

## Hierarchie

**Vor 1960:** Es war selbstverständlich, dass Kinder den Eltern, Großeltern, Erwachsenen gehorchen mussten, auch dem Pfarrer und dem Lehrer, sogar den älteren Geschwistern. Das war klar, völlig klar. Grundsätzlich galt: Die Eltern sagen, was gilt, sie führen und geben den Ton an.

**Verantwortung und mögliche Schuldgefühle gegenüber dem Kind:** Bei diesem Aspekt ist keine Konstellation zu finden, die zu Schuldgefühlen führen könnte.

**Die Grundbeziehung der Eltern zu ihren Kindern:** Sie war geprägt von hierarchischem Denken und Handeln. Eltern hatten den Auftrag, ihre Kinder zu führen, sie in den Gleisen zu halten. Kinder waren für sie unfertig und verführbar, dauernd in Gefahr, auf Abwege zu geraten. Die Eltern wussten, wohin das Leben führen sollte, sie waren den Kindern die «starke Hand».

**Nach 1960:** Die 68er-Bewegung riss die Autorität vom Sockel. Eine ganze Generation suchte den Ausgleich in der Mitsprache und der Mitbestimmung. Viele junge Leute ließen sich von den «Alten» nichts mehr sagen. In der Folge entwickelten sich partnerschaftliche bis antiautoritäre Erziehungshaltungen. Das gleichberechtigte Denken etablierte sich in pädagogischen Instituten und teils auch in der Arbeitswelt, insbesondere in sozial orientierten und kreativen Metiers. Das Wort Team gewann an Bedeutung. Die Vorteile flacher Hierarchien wurden entdeckt, auch die Wertsteigerungen, die sich erzielen ließen, wenn die Vorgesetzten die Mitarbeitenden in die Prozessentwicklung mit einbezogen. Man proklamierte die Integrität und die Rechte der Kinder und erließ diesbezügliche Gesetze. Heute werden diese von der Gesellschaft größtenteils anerkannt und umgesetzt. Es gibt entsprechende Gerichtsurteile und Kindesschutzmaßnahmen. Schulen haben diese Werte in ihre Leitsätze aufgenommen. Die Ganzheitlichkeit des Menschen und der Respekt dem Kind gegenüber sind in den pädagogischen Konzepten umgesetzt, auch in der Beurteilung der Kinder. Nicht nur Gehorchen und Ausführen, sondern auch soziale Kompetenzen sind heute bei der Lehrstellensuche gefragt. Kommunikation, das Besprechen und Argumentieren sind etwas ganz Wichtiges geworden. Verstehen und verstanden werden sind zentrale Werte. Viele der heutigen Eltern sind in einem recht partnerschaftlichen, respektvollen Erziehungsumfeld aufgewachsen. Sie haben das Grundgefühl für Partnerschaftlichkeit internalisiert, will heißen, dieses Gefühl sitzt ihnen als Wert für ein gutes Leben tief im Hinterkopf. Die meisten Eltern wissen von den Rechten der Kinder und leben mit diesen.

**Verantwortung und mögliche Schuldgefühle gegenüber dem Kind:** Eltern spüren die Verantwortung, ihr Kind respektvoll, partnerschaftlich und «mit einbeziehend», heute auch «partizipativ» genannt, zu erziehen. Sie haben das tiefe Gefühl aus ihrer Kindheit, aus der Familie und aus ihrer Schul- und Freizeit, dass mit dem Kind möglichst partnerschaftlich umzugehen ist. Heutige Eltern sind es in der Regel nicht gewohnt, familiär hierarchisch aufzutreten und einfach zu befehlen. Rasch kommen sie sich autoritär vor. Sie haben das große Bedürfnis, verstanden zu werden, im Konsens zu handeln, nicht nur in Partnerschaft und Beruf, auch in der Erziehung. Kinder sind aber Kinder, oft Kindsköpfe, unfertig, bis weit in die Pubertät hinein. Es geht im Zusammenleben mit ihnen nicht anders, als dass man Vorgaben macht, den Rahmen absteckt, Grenzen zieht, leitet, führt und bestimmt. Häufig zwingen Kinder ihre Eltern in die Hierarchie, fordern ihre Autorität heraus. Den meisten Eltern ist es dabei nicht wohl, und sie geraten im familiären Alltag oft in Situationen, in denen sie sich schlecht fühlen. Sie haben das Gefühl, es falsch zu machen und geraten in Schuldgefühle.

**Die Grundbeziehung der Eltern zu ihren Kindern:** Mit den internalisierten Werten von Partnerschaftlichkeit bekommt die

Grundbeziehung zu den Kindern ebenfalls eine partnerschaftliche Prägung. Man will verstehen und verstanden werden. Kinder sollen möglichst durch Einsicht, Verständnis und Miteinbezug groß werden. Die Grundbeziehung zu den Kindern will möglichst wenig Zwang, soll etwas Partizipatives beinhalten. «Wir wollen uns verstehen und gemeinsam Wege finden.» Mit dem Eintritt in die pädagogischen Institutionen spüren die Eltern, dass auch noch andere für ihr Kind eintreten, sie nicht mehr alleine sind mit ihm. Auch von der Gesellschaft her stehen sie in der Pflicht, ihre Kinder kindergerecht zu behandeln.

## Bilder im Kopf

**Vor 1960:** Wenn man eine Familie ersehnt und plant, welche Bilder erscheinen einem da im Kopf? Die Großmütter hatten vor allem Bilder von Familienleben und Kinder aus ihrer Umgebung im Kopf. Müllers vom Hof gegenüber, die Kleider werden nachgetragen, Sonntag im Sonntagsstaat, der dritte oft mit Rotz an der Nase, das Mädchen stottert, der jüngste, … Die Kinder auf der Straße, Meiers Gisela hat immer einen hübschen Pony, streitet aber viel mit Hausers Karl, die sind alle so laut und tuscheln, wenn

der alte Huber durch das Tor kommt. Acht Kinder draußen. Von oben in der Wohnung hört man, wie sie wieder mit den Kindern schimpfen müssen. Der Köbi hustet schon den ganzen Winter durch, und er war schon vorher ein Sürmel. Die Großmütter hatten diejenigen Bilder im Kopf, die man auf alten Schwarzweißfotos findet. Vielleicht hielten unsere Großeltern die Familie des Arztes, des Pfarrers oder des Bauern mit dem größten Hof für eine Idealfamilie, obwohl man eigentlich wusste, dass der Arzt oder Pfarrer auch schrecklich herumtoben konnte. Kinofilme sah man selten, Zeitschriften druckten eher kleine Fotos ab. Dachte man an Familie, hatte man vor allem das Leben rundherum im Kopf. Und die Hoffnung, dass alles wunderschön werde.

**Verantwortung und mögliche Schuldgefühle gegenüber dem Kind:** Eine besondere Verantwortung, verbunden mit möglichen Schuldgefühlen, kann ich keine ausmachen. Es ergaben sich damals kaum Möglichkeiten, den Vergleichsrahmen für sein Kind zu ändern.

**Die Grundbeziehung der Eltern zu ihren Kindern:** Das Bild, das sich unsere Großeltern von einer guten Familie machten, war sicher idealisiert. Es lag aber immer noch nahe bei der Realität. Sie sahen und erlebten sich selbst und ihre Kinder im Rahmen der anderen Familien ihrer Umgebung. Die Eigenheiten ihrer Kinder waren nicht schlimmer als die Eigenheiten der Kinder aus der Nachbarschaft. Die Eltern konnten trotz allem Ärger, den sie mit ihren Kindern hatten, insgesamt zufrieden sein. Die Grundbeziehung zu den Kindern war von durchschnittlicher Zufriedenheit, also okay.

**Ab 1960:** In allen Medien findet man bildstarke Idealbilder von Familie. Die Kinder haben «Flausen» im Kopf, sind Pipilotti-Kinder. Alle sind glücklich, wenn die kluge und attraktive Mutter die Kaudoch-gleich-noch-Vitamin-5-Bonbons verteilt. Familie ist so schön, wenn der Papa mit dem Family-SUV von der Arbeit heimkommt und gleich die ganze Familie ab ins nächste Abenteuer fährt. Familie ist das Bild mit dem Hypobankmenschen, der die Hypobankfamilie zu Hause im Wohnzimmer berät, während die hübschen Kinder brav im Hintergrund spielen und wissen, dass sie die besten Eltern haben. Familie ist die gesunde Krankenkassen-Werbefamilie. Familie ist Nestea, Kinderschokolade. Wir sind einer Flut von Familienbildern ausgesetzt, die mittlerweile in der schönsten HDTV-Auflösung daherkommt. Wir konsumieren Reportagen über Promifamilien und auch Realityshows, die uns zeigen, was alles passieren könnte, erschütternde Schicksale von Kindern und Familien, denen es schlecht geht. Auch diese Bilder sind allerdings meistens irgendwie ästhetisch, das Elend wirkt inszeniert. Ebenso ist es mit den meisten Familiendramen im Spielfilm. Der Geruch des Elends kommt nicht so recht in den Kinosaal oder in die Wohnstube. Meistens gibt es am Ende eine Erlösung, alles ist ausgestanden, das Glück wieder gefunden.

Und wie ist es in unserer alltäglichen Realität? Draußen begegnet man kaum behinderten Kindern. Die Realität der Kleinfamilie ist kaum sichtbar. Die Spannungen, die täglichen Dramen und der familiäre Wirrwarr spielen sich in den Wohnungen und Einfamilienhäusern ab. Viele Wohnungen sind sehr gut schallisoliert, man hört kaum, dass auch andere Familien Streit haben. Familien leben ihren «Wahnsinn» in den eigenen vier Wänden. Aber fast jede verkörpert gegen außen ein recht ideales Bild. Wie super doof Kinder wirklich tun können, toben können, die Eltern zur Verzweiflung bringen, ist selten im Alltag sichtbar.

**Verantwortung und mögliche Schuldgefühle gegenüber dem Kind:** Eltern finden sich meist schon früh in Szenen, die überhaupt nicht übereinstimmen mit der ursprünglichen Sehnsucht nach Familie und dem Skript fürs Familienleben. Oft beginnt dies schon bei der Babypflege, die oft weit weg ist von den Bildern, welche

die Eltern im Hinterkopf haben. Die Bilder stimmen höchstens für kurze Momente, dann geht es wieder los mit dem aufreibenden Babygeschrei. Frustration schleicht sich ein, meistens verbunden mit einem schlechten Gewissen. Bevor sie Kinder hatten, war es für die Eltern relativ einfach, sich so zu inszenieren, dass sie ihren Idealbildern entsprachen. Ihre alten Selfies belegen dies. Seit der Familiengründung versetzen jedoch die Kinder sie in Gemütszustände, die zuvor unvorstellbar waren. Auf den eigenen Familienfilm ist man nicht vorbereitet.
Nicht selten erlebt man auch den anderen Elternteil enttäuschend. Die reale Erfahrung ist oft weit weg von dem, wie man es sich einmal vorgestellt hat. Der Elternteil, der mehr im Kinderalltag steht, entwickelt oft Schuldgefühle gegenüber dem anderen Elternteil, weil nicht in Erfüllung geht, was sie sich einmal gemeinsam ausgemalt haben.

**Die Grundbeziehung der Eltern zu ihren Kindern:** Die medialen Idealbilder haben sich bei vielen Eltern tief in den Köpfen eingenistet. Zwischen diesen Bildern und der Realität entsteht eine Kluft, die Frustration auslösen kann. Dies wirkt sich auch auf die Grundbeziehung zum Kind aus. «Kind, du passt nie richtig in unser Leben, irgendwie wirkst du so oft störend.» «Liebes Kind, ich fühle und spüre, ich müsste anders sein und umgehen mit dir. Aber das ist nicht so einfach.»

## Zusammenfassung

Bei der Gegenüberstellung von Vergangenheit und Gegenwart ist mir aufgefallen, wie relativ einfach sich die Erziehungswelt der Großeltern und Urgroßeltern skizzieren lässt. Ihre Welt war weniger kompliziert, vor allem weniger belastet durch Probleme der Verantwortung. Sicher, ich habe nicht in dieser Zeit gelebt, stand nicht mittendrin und kann die feinen Facetten des damaligen Alltags nicht erfassen. Dennoch gehe ich davon aus, dass es in Bezug auf die meisten besprochenen Aspekte früher für Eltern einfacher war, mit Kindern zu leben und sie zu erziehen. Jedenfalls wirft der Vergleich ein erhellendes Licht auf die Erziehungsprobleme der Gegenwart.

## Grundbeziehung zu den Kindern in der Vergangenheit

Die Eltern standen früher mit ihren Kindern in ihrer Welt, in ihrer Umgebung. Das Dorf, das Quartier war ihre Welt, darin wurden ihre Werte gelebt. Die Bilder, die sie im Hinterkopf hatten, waren weniger bunt und weniger unterschiedlich. Bräuche, Religion und das allgemeine Wissen gaben einen relativ engen Rahmen vor. Man musste die Ethik nicht komplett in sich selbst tragen, die Welt rundherum lebte sie zum größten Teil ähnlich. Fachleute sprechen von «externalisierten Werten». Lösungsmodelle zur Bewältigung von Problemen wurden vor allem im nahen Umkreis gesucht. Über Kinder und ihre Erziehung dachte man wenig unterschiedlich. Viele standen ähnlich im Leben und dachten: Es muss besser werden, raus aus dem Mangel; sehr oft: raus aus der Misere!

Die Verantwortung für das Leben und die Erziehung der Kinder lag nicht nur in den Händen der Eltern. Das Leben der Kinder wurde auch von Gott, vom Schicksal und der Obrigkeit bestimmt. Eine wichtige Rolle spielte auch das meist große und vielfältige Familiengefüge. Die Grundbeziehung zu den Kindern war von einem «Wir zusammen in dieser Welt» geprägt. Das Kind hatte man bekommen, es wuchs auf, manches ging von selbst, lief nebenher. Die Grundbeziehung zum Kind basierte auf dem Urvertrauen, dass das Kind viel Eigenes mit sich bringt, es sich ohnehin stark selbst entwickelt.

Die Prüfung, ob es mit dem Kind gelinge, geschah dadurch, dass man es mit der Umwelt verglich. Dieser Vergleich zeigte den Eltern, ob das eigene Kind im Spektrum des Möglichen und Akzeptierten lag. Die Umgebung war der Maßstab.

## Veränderung der Grundbeziehung in der heutigen Zeit

Die pluralistische Gesellschaft mit ihrer Vielfalt an Möglichkeiten sowie die Tendenz zur Individualisierung veränderten die Grundbeziehung der Eltern zum Kind. Die Eltern müssen heute eine Menge persönliche Entscheide treffen, verbunden mit der Krux, aus einer großen Auswahl das Richtige zu finden. Sie entscheiden beispielsweise über den Zeitpunkt der Familiengründung, die richtige Nahrung, die richtige Erziehung, die richtigen Präventionsmaßnahmen, das richtige Quantum an Konsum. Beim Betrachten der verschiedenen Aspekte in den vorangegangenen

Ausführungen habe ich unter anderem realisiert, wie viele Interventionsmöglichkeiten heute zur Verfügung stehen, wie viele Experten mit ihrer Hilfe bereitstehen und mit welcher Intensität manche Kinder betreut werden, damit sie sich glücklich fühlen und den Weg in ein erfülltes Erwachsenenleben finden. Ein Kind und so viele Rettungs-, Korrektur- und Förderungsmöglichkeiten! Weil die Eltern so viel selbst entscheiden müssen, fühlen sie sich ganz stark und persönlich für das Kind und die Konsequenzen ihrer Entscheidungen verantwortlich. Die Entscheidungsgrundlagen sind oft diffus und spekulativ. Täglich müssen Eltern zigmal Ja oder Nein sagen, häufig wissen sie nicht recht, ob die Entscheidung wichtig ist oder nicht. (Manche scheinbar wichtigen Fragen erweisen sich im Nachhinein als wenig relevant.) Die Eltern gewinnen so den Eindruck, dass sie entscheidend dazu beigetragen haben, wie das Kind ist. «Wie du bist, hat viel zu tun mit unserem Leben, wie wir mit dir gelebt haben, dich erzogen haben. Wir sind deshalb voll verantwortlich für dich.» Das Kind wird zu einem eigenen Werk.

Weil die Familie wie auch die Kinder als sehr individuell empfunden werden, kann das Gelingen des Kindes kaum mehr durch einen Vergleich mit der Umgebung beurteilt werden. Jedes Kind ist ein einmaliges Individuum. Das Gelingen wird deshalb beim eigenen Kind abgelesen. Die Grundbeziehung zum Kind wird auf

diese Weise von einem intensiven Feedbacksystem geprägt: fördern und beobachten der Wirkung, korrigieren und schauen, was sich ändert, justieren und verifizieren, …
Einst war das Kind etwas «Bekommenes», das sich natürlich von selbst entwickelte, das man aber hegte und pflegte, so gut es ging. Heute wird das Kind gezeugt, ist oft so etwas wie ein Projekt. Einst hatten die Eltern eine Obhut für etwas, das sie bekommen haben. Heute haben sie eine direkte persönliche Verantwortung für etwas, das sie selbst gewählt und geplant haben.

**Verunsicherung und Schuldgefühle**

Bei der Besprechung der verschiedenen Aspekte war ich selbst erstaunt, wie viele Möglichkeiten oder «Fallen» ich fand, sich bei der heutigen Kindererziehung in Schuldgefühle zu verstricken. Wie viele Faktoren es gibt, die ein zwiespältiges Gefühl in der Erziehungsarbeit fördern, die das Grundgefühl umgekehrter Hierarchien vermitteln und Unsicherheit auslösen. Zwei, drei Generationen zurück hatte man mit Kindern, denen es schlecht ging, die nicht mithalten konnten und zu kurz gekommen waren, eher Erbarmen. Sie taten einem leid. Sie hatten Pech gehabt. Es waren das Leben und die Umstände, die es mit ihnen nicht gut gemeint hatten.
Geht es heutigen Kindern schlecht, spricht man davon, dass die Eltern es nicht schaffen, den Kindern zu wenig geben oder etwas falsch machen. Wer plant, handelt und Ziele hat und diese nicht erreicht, hat versagt, etwas falsch gemacht. Man macht sich «schuldig», indem man etwas macht, was man nicht tun sollte. Oder indem man etwas unterlässt, was man hätte machen sollen. Die Eltern fühlen sich verantwortlich für das Gelingen der Kinder. Diese sind aber immer irgendwie seltsam, unfertig und wunderlich. Alltag mit Kindern ist oft mehr ein Hüst und Hott, Improvisation, als ein geordneter Ablauf wie bei der Arbeit. Als Eltern ist man kaum einmal sicher, es recht gemacht zu haben. Und oft neigen sie dazu, das Glas halb leer zu sehen statt halb voll. So entstehen bei manchen Eltern Schuldgefühle. Ein schlechtes Gewissen schleicht sich ein.

# Voraussetzungen einer sinnvollen Erziehungseinstellung

In den folgenden Kapiteln weise ich auf einige wichtige Gegebenheiten hin, die berücksichtigt werden können, wenn man eine sinnvolle Erziehungseinstellung aufbauen will.

## Aus den Schuldgefühlen herauskommen

Wie geht man mit Schuldgefühlen um? Was können Eltern gegen Schuldgefühle tun?
In der heutigen Zeit erhält man rasch die Antwort, es brauche psychotherapeutische Unterstützung. Schuld und Gefühle gehörten zur Psychologie. Aber können wir ein Drittel der Eltern oder noch mehr in die Therapie schicken?
Oder soll man einfach all die «Versprechen» der Hilfs-, Korrektur- und Optimierungsangebote ignorieren? Wäre es einfacher, wenn alle Therapeuten, Coaches, Mentaltrainer usw. in der Beschreibung ihrer Angebote den Hinweis «Mit beschränkter Wirkung» anbringen müssten? Kann man all die gut gemeinten Vorschläge von Kolleginnen, Lehrerinnen und Kinderkennern in den Wind schlagen, zumindest die meisten? Sehr schwierig.
Lassen sich die Idealbilder, die man im Kopf hat, aus dem Gedächtnis vertreiben? Kaum, denn diese Bilder sind stark, oft sind sie untermalt mit emotional geladener Filmmusik, gekoppelt mit Gefühlen von Hoffnung und Sehnsucht. Die Werbebranche weiß, wie man Menschen verführt, welche Hirnregionen angeregt werden müssen, damit sich beim Einkaufen der kleine, feine Sehnsuchtsfaktor in den Kaufentscheid einschleicht. Viele Bilder sind fest im Unter-, Vor- oder Halbbewussten abgespeichert.
Kann man einfach positiver denken und auf Erfolgserlebnisse fokussieren, sodass man stolz ist und nicht ständig das Gefühl hat, es nicht gut genug gemacht zu haben? Kann man …?

Die meisten Menschen neigen dazu, Gegebenheiten in einen direkten Ursache-Wirkung-Zusammenhang zu stellen. Daraus leiten sie dann direkt Aktionen ab. Das ist keine gute Methode, um aus Schuldgefühlen herauszufinden. Menschliches Leben ist vielfältig. Meistens spielen so viele Faktoren mit, dass dieses Denken zu kurz greift. Nicht Aktion und Reaktion, etwas Indirektes ist gesucht. Was es braucht, ist eine Art der Begegnung mit den Kindern, die den vielen mitspielenden Faktoren Raum und Zeit zur Entwicklung lässt, eine andere Einstellung dazu. Vielleicht hilft eine andere Grundbeziehung. Ich gehe davon aus, dass das schlechte Gewissen und die Schuldgefühle von selbst abnehmen werden, wenn die Eltern eine «positive» Grundbeziehung zu den Kindern finden und nicht ständig das Gefühl haben müssen, sie hätten etwas falsch gemacht. Wie man zu einer solchen Grundbeziehung kommt, beschreibe ich weiter hinten.

## Kommunikationsmuster

(Kommunikation als Ensemble von Worten, Tonation, Mimik und Gestik sowie dem intuitiven Deuten dieser Elemente)

Zu Großmutters Zeiten waren die Kommunikationsmuster zu den Kindern mehrheitlich geprägt von Anweisungen und wenigen dazugehörigen Erklärungen, die Referenzpunkte in der Umgebung hatten. Beispiel: Eine Mutter gibt einem Kind die Anweisung, die alte Frau, die gerade vorbeigeht, richtig zu grüßen. Hätte die Mutter allenfalls eine kleine Unsicherheit gehabt und prüfen wollen, ob die Anweisung angemessen war, so hätte sie vermutlich den umstehenden Erwachsenen einen prüfenden Blick zugeworfen. Von diesen hätte sie ihr Einverständnis bekommen, weil man sich einig war, dass Kinder die alte Frau grüßen müssen.
Die Anweisung, abzutrocknen oder Holz zu holen, war mehr oder weniger aus der Notwendigkeit dieser Tätigkeiten begründet oder aus dem Lebensgefühl, dass es so sein muss. Hinter der Anweisung stand die Meinung der Eltern, verbunden mit einer offensichtlichen Notwendigkeit. Die Anweisung war also nur halb persönlich. In Großfamilien, wo neben den Eltern auch andere familiäre Mitglieder lebten, merkte das Kind, dass das Geforderte

auch von den anderen gefordert wurde. Hätte das Kind opponiert, so hätte es zu hören bekommen «Man macht das so, das ist schon richtig» und nicht «Ich will es so». Die Kinder erlebten ihre Eltern auch als Teil ihrer Umgebung.
Mit der Forderung im Rahmen der Gemeinschaft war auch impliziert, dass man dem Kind zutraute, dass es das Geforderte könne, weil es ein normales Kind war. Man wusste ungefähr, was Kinder konnten, musste das einzelne Kind nicht ständig beobachten und prüfen. So erlebten Kinder ihre Eltern als recht klar und als vertrauensvoll, weil sie ihnen etwas zutrauten. Die Eltern gaben den Kindern Orientierung.
Heute wäre es in der Szene mit dem Grüßen eher so verlaufen, dass die herumstehenden Leute den prüfenden Blick der Mutter nicht mit einem bejahenden Blick erwidert hätten. Sie hätten wohl eher neugierig beobachtet, wie die Mutter das Kind behandelt. Wahrscheinlich hätte die Mutter gar keinen prüfenden Blick in die Runde geworfen. Sie weiß ja selbst am besten, was ihr Kind soll. Sie hat ihren eigenen Erziehungsstil und fühlt sich gegenüber den andern nicht verpflichtet. Weil sie allenfalls doch etwas unsicher wäre, würde sie vermutlich dem Kind ihre Überlegungen erklären und es dann fragen, ob es verstanden habe. Und zuletzt: «Ist das okay für dich?»
Diese letzte Absicherung bei den Kindern ist heute alltäglich, wird bei ganz vielen Anweisungen und Abmachungen eingeholt. «Hast du mich verstanden?» «Ist das gut so für dich?» Eltern haben ein demokratisches Verständnis, möchten den Kindern am liebsten Freund sein. Eltern wollen nicht befehlen, sie wollen Konsens, Einsicht.
Bei vielen Anweisungen steht den Eltern heute keine Notwendigkeit zur Seite. Wäsche aus dem Korb nehmen und der Mutter geben, damit sie sich nicht so oft bücken muss, abtrocknen, Holz holen, Kartoffeln schälen, all diese kleinen Hilfeleistungen der Kinder sind heute eigentlich nicht mehr nötig. Wenn die Eltern sie trotzdem verlangen, tun sie dies eher aufgrund pädagogischer Überlegungen als aus einer Notwendigkeit oder einer persönlichen Haltung heraus.
Sehr selten erledigen die Eltern eine notwendige Hausarbeit zusammen mit den Kindern wie beispielsweise Früchte rüsten für

das Einmachen, abwaschen und abtrocknen, Holz stapeln. Kinder sind mit dem Haushalt, dem Zusammenleben selten beschäftigt. Trotzdem sorgen viele Eltern dafür, dass das Kind sich beschäftigt, oder sie beschäftigen sich mit dem Kind, damit es beschäftigt ist. Und bei fast all diesem Tun wissen die Eltern um den pädagogischen Sinn. Überspitzt gesagt, ist fast alles, was Eltern vom Kind wollen und mit ihm machen, Erziehung.

Diese pädagogische Haltung beinhaltet – wie bereits ausgeführt – meistens auch, dass die Eltern das Kind ständig beobachten, prüfen. Sie wollen die Kinder einerseits mit einbeziehen, ihnen Vertrauen schenken und sind trotzdem immer auf der Lauer, ob es die Kinder richtig machen und ihnen nichts passieren kann. So kommt es oft vor, dass die Kinder ihre Eltern leicht verunsichert, ja sogar als zweideutig erleben.

Wie ist der Blick, der Gesichtsausdruck eines Menschen, wenn einer einem andern sagt, er solle etwas tun, was der andere sicher kann? Irgendwie offen und zuversichtlich. Und wie ist der Gesichtsausdruck, wenn er ihm sagt, er solle etwas tun, was er nur vermutlich richtig kann? Wahrscheinlich leicht skeptisch. Und wie ist der Gesichtsausdruck, wenn er etwas verlangt, was der andere kann, aber auch eine Gefahr dabei ist? Vielleicht unsicher, ängstlich. Und wie ist der Blick, wenn er etwas fordert, das dem andern zuwider ist? Wahrscheinlich bittend, ängstlich.

So ergibt es sich, dass Eltern im alltäglichen Dirigieren und Anleiten parallel zum gesprochenen Wort oft Mimik-Mitteilungen mitgeben, die unsicher, skeptisch oder gar ängstlich wirken. Die Tonationen sind aufmunternd, leicht bittend und leicht fragend. Auch wenn Eltern ermutigen und Selbstvertrauen geben wollen und sagen, «geh und mach, du kannst das», sagt die Mimik und

die Tonation häufig nicht das Gleiche: ermunternde Worte mit prüfend skeptischem Blick, anweisende Worte mit eher ängstlichem Gesichtsausdruck und etwas vorsichtiger Tonation. Das Nachfragen und der letzte prüfende Blick, wenn eine Anleitung erfolgte, bewirken, dass die natürliche Hierarchie umgekehrt wird. Kinder haben dann das letzte Wort, «ja Mama», den letzten Blick, der sagt, «schon gut Papa». Das letzte Okay, die «Absolution» kommt vom Kind.

## Wie es bei Kindern denkt

Bei der Suche nach einer aktuell sinnvollen Erziehungseinstellung möchte ich auch der Frage nachgehen, wer diese Kinder eigentlich sind. Wie denkt und fühlt «es» bei Kindern. Ich schreibe «es», weil es mit Kindern viel mehr fühlt und denkt, als dass sie bewusst fühlen und denken können. Ein bewusstes Fühlen und Denken gelingt den Erwachsenen ja auch nicht so verlässlich, wie sie meinen. Auch bei ihnen schleicht sich oft etwas Unkontrolliertes ein.
Wenn eine Mutter dem Kind sagt, es solle sich beeilen, weil der Verkehr dicht sei und sie selbst auf keinen Fall zum Termin im Geschäft zu spät kommen dürfe, es solle den Velohelm auch gleich mitnehmen, weil Papa es dann von der Kita mit dem Velo abhole, so sagt das Kind meistens Ja und nickt dazu. Und wenn die Mutter noch hinzufügt, sie sei froh, wenn es sich brav beeile, weil sie selbst schlecht geschlafen habe, weil sie heute einen schwierigen Tag habe, es aber heute Abend als Belohnung Spaghetti zum Nachtessen gebe, so sagt das Kind wieder Ja. Und wenn die Mutter es dann fragt, ob es alles verstanden habe, niederkniet und dem Kind prüfend in die Augen schaut, dann sagt es auch Ja.
Was hat das Kind tatsächlich verstanden, und was ist ihm im Sinn geblieben? Vermutlich hat es schon beim Zuhören oder beim nur halb Zuhören an was anderes gedacht oder schon einen anderen Gedanken auf der Zunge gehabt. Es hätte vielleicht beim Wort Velohelm sagen wollen, dass der Drachenkleber darauf Kratzer habe. Dann auf dem Weg zur Garage sieht es eine zertretene Schnecke, es ekelt sich und dann kommt ihm ein Kind in den Sinn, das ihm gestern so eine Schnecke unter die Nase gehalten hat, und es beginnt zu tändeln. Oder es fragt die Mutter, ob sie anstelle von Spa-

ghetti nicht Götterspeise machen könne und denkt an die Geschichte mit Max, als er auf dem Mond in einen See von Götterspeise fiel und sich ganz dick fraß. Also an die Geschichte, die die Oma immer wieder vorlesen muss. Und im Auto juckt der neue Pullover, und die engen Gurten sind störend und …
Vermutlich sind seine Gedanken nicht klarer und logischer als eine Zeichnung, die es im Kindergarten zeichnet. Hätte das Kind die Reihenfolge, Wichtigkeit und Bedeutung der Erklärungen der Mutter erfasst, würde es die Dinge entsprechend skizzieren können, zum Beispiel in der richtigen Reihenfolge. Mit fünf Jahren können Kinder aber solche Handlungsabläufe noch nicht erfassen und nachvollziehen. Die Menschen sind dazu meistens erst ab dem Jugendalter fähig, wenn nicht sogar noch später.
Hier eine Zeichnung von einem Nachbarskind, das den Kindergarten besucht. Ich bat es, eine Küche zu zeichnen. Seine Zeichnungen machen deutlich, wie viel Kinder in ihrem Alter verstehen können: Irgendwie so viel und in der Art, wie es die Zeichnung darstellt.

Kinder leben je jünger desto mehr im Augenblick, in den nächsten drei Minuten, dann in den nächsten 15 Minuten usw. Sie können erfassen, dass sie auf dem Weg zur Kita sind. Ab Kindergartenalter können sie selbstständig auf dem Weg zum Kindergarten bleiben, jedenfalls meistens, sie sind auch schnell in ihren eigenen Fantasien, rasch abgelenkt von Freude, Ekel, Angst und anderen Regungen.

Kann ein Kind im Kita-Alter die Erklärung der Mutter, «sie sei froh, wenn es sich brav beeile, weil sie selbst schlecht geschlafen habe, weil sie heute einen schwierigen Tag habe, es aber heute Abend als Belohnung Spaghetti zum Nachtessen gebe» begreifen? Ich bezweifle es. Oder das Kind begreift es nur einen kleinen Augenblick lang, dann übertüncht die angekündigte Gaumenfreude die Aussage der Mutter. Ich gehe davon aus, dass Kinder die Eltern nicht in der gleichen Weise begreifen können, wie es die Eltern meinen. Wenn das Kind Ja sagt, wenn die Mutter es fragt, ob es verstanden habe, dann stimmt das in irgendeiner Weise schon. Aber das Kind hat oft etwas anderes verstanden, als die Mutter meint, nicht selten etwas ganz anderes. Das Kind hat vermutlich intuitiv gelernt, dass es am besten Ja sagt, dann muss es nicht weiter zuhören. Es geht ja sowieso Richtung Kita, dann kann es wieder in seiner Welt sein.

Manchmal frage ich in Beratungsgesprächen Eltern, ob sie noch wüssten, was ihre Eltern von ihnen wollten, ob sie sich an Beweggründe und Erklärungen der Eltern erinnerten. Die meisten erinnern sich höchstens an Fragmente einzelner Szenen, meist nur an die eigenen Gefühlsregungen bei der Szene. Auch aus der Zeit der sechsten Klasse haben sie fast keine entsprechenden Erinnerungen. Wenn ich sie dann frage, ab wann sie ihre Eltern verstanden hätten, sagen viele, wohl erst, als sie selbst Kinder hatten.
Um Kinder zu verstehen, muss man wohl davon ausgehen, dass sie dauernd floaten, Welle für Welle meistern. Oder dass sie sich in

einer Art Nebel befinden, wo sich immer wieder eine Welt auftut und eine andere verschleiert, sie aber intuitiv wissen, in welcher Welt sie sich gerade bewegen. Intuition ist vielleicht ein treffender Ausdruck dafür, wie Kinder handeln und denken. In *Wikipedia* ist das Wort folgendermaßen beschrieben: «Die Intuition oder die Empfindung, nach ahd. ‹in sich (‹m›) finden›, ist die Fähigkeit, Einsichten in Sachverhalte, Sichtweisen, Gesetzmäßigkeiten oder die subjektive Stimmigkeit von Entscheidungen zu erlangen, ohne diskursiven Gebrauch des Verstandes, also etwa ohne bewusste Schlussfolgerungen. Intuition ist ein Teil kreativer Entwicklungen.»

Kinder haben die Schläue, immer wieder die richtigen Worte zu finden, auch die richtige Gestik, um etwas zu erhalten, etwas für sich zu erreichen, die Eltern zufriedenzustellen oder aus einer unangenehmen Situation herauszukommen. Da denkt man tatsächlich, dass sie es begreifen, im Griff haben, es «checken». Kinder haben die wundersame Begabung, das richtige Echo zu geben.

Woher kommt diese Begabung? Die Menschheit, d.h. der Homo sapiens, ist ungefähr 300 000 Jahre alt. Die Kinder leben also schon seit langer Zeit bei ihren Eltern und wachsen heran, lernen, werden von Generation zu Generation schlauer. Sie waren damals nicht so intensiv wie heute im Zentrum der elterlichen Aufmerksamkeit und Fürsorge. Über Jahrtausende hinweg liefen sie hauptsächlich einfach neben den Eltern her.

Sie befanden sich im Pulk von Erwachsenen, Geschwistern und anderen Kindern, in der Gemeinschaft, in der Familie im ursprünglichen Sinn, einer ökonomischen Gemeinschaft zum Überleben. Kinder, die überleben wollten, mussten lernen, wie sie etwas für sich ergattern, erschmeicheln, erbitten, erhaschen oder ertrotzen konnten: Nahrung, ein warmes Plätzchen, Wohlbehagen in körperlicher Nähe, einen lieben Blick, Anerkennung.
Kinder haben dabei die Fähigkeit entwickelt, intuitiv Situationen, Stimmungen und Gelegenheiten zu erfassen und das Richtige zu tun, um für sich etwas zu erreichen. Es sind weniger die Worte, die die Kinder erfolgreich machen, es sind Mimik, Gestik, Tonlage und Gebärden.
Hinzu kommt, dass Kinder die Tendenz haben, Situationen kurzfristig zu ihren eigenen Gunsten zu drehen. Eltern wollen etwas besprechen und begreiflich machen, Kinder wollen rasch ihre Ruhe, in Ruhe gelassen werden, den Hunger stillen, sich durchsetzen oder halt einfach machen, was die anderen wollen. Nicht begreifen müssen, was die andern ihnen begreiflich machen wollen. So sind Reaktionen von Kindern oft nicht auf den Inhalt der Eltern bezogen, sondern auf das Erledigen einer Situation. Rasch ein Ja, sonst ablenken oder gar Trotz. Eltern meinen oft, die Kinder hätten auf ihren Inhalt inhaltlich geantwortet; ein Missverständnis, Kinder haben nur die Situation zu ihren Gunsten gemeistert. Kinder merken sich den gewünschten Ablauf, kooperieren, aber das Drum und Dran verstehen sie kaum.
Kinder suchen fast immer das Gute, Wohlwollende, die Zuneigung. In dieser Stimmung können sie am besten mitmachen und gedeihen. Die auf der Systemtheorie basierte Marte-Meo-Methode ermöglicht es, dieses Bedürfnis der Menschen, nicht nur der Kinder, anschaulich und erlebbar zu machen. Dabei werden Szenen gefilmt, in denen Menschen, die in einer schwierigen Beziehung stehen, interagieren. Danach schaut der Coach mit den Betroffenen das Video an, insbesondere Standbilder, in denen Vertrauen, Wohlwollen und Sicherheit zum Ausdruck kommen, tonlos, aber von Lob und zuversichtlichen Worten des Coachs begleitet. Die therapeutische Wirkung beruht hauptsächlich darauf, dass nur positive Szenen angeschaut und besprochen werden. Szenen mit Blickkontakten, die Verbundenheit signalisieren, oder

mit wohlwollender Mimik, die sichtbar macht, dass die Eltern den Kindern Vertrauen schenken. Die Marte-Meo-Methode versucht, diese feinen nonverbalen Kommunikationsmuster zu verstärken und so wieder ein Grundvertrauen herzustellen, das ein gutes Miteinander von Eltern und Kindern wieder ermöglicht.

Kinder fühlen und denken kurzfristig, suchen eher die gute Stimmung und freundliche Zuneigung. Sie meistern eine Situation mehr zu ihren Gunsten als dass sie inhaltlich antworten. Intuitiv suchen sie für sich das momentan Günstige. Eltern bleiben von den Kindern ziemlich unverstanden. Kinder können Eltern nicht verstehen.

## Die Machbarkeit durch Erziehung – wie viel ist gegeben, wie viel ist erzogen?

In Beratungsgesprächen ergibt es sich sehr oft, dass ich mit Eltern darüber spreche, wie viel bei den Kindern gegeben und wie viel anerzogen ist. Welche Rolle spielt das Wesen des Kindes, sein Charakter, seine Entwicklung und welche Rolle die Erziehung der Eltern? Auf die Frage, wie wichtig die Eltern ihren Einfluss einschätzen, wenn das Kind einmal als junge erwachsene Person selbstständig zu leben beginnt, sagen viele 80 Prozent, teils 90 und einige sogar 100 Prozent. Fragt man dann weiter, wem das Kind gleiche, eher dem Vater oder der Mutter, vielleicht gar einem Onkel, einer Tante oder einem der Großeltern, so finden sie meistens eine verwandte Person mit offensichtlichen Ähnlichkeiten. Wenn man sie dann fragt, ob es sein könne, dass Kinder wie das Aussehen auch charakterliche Wesenszüge erben können, sind die meisten Eltern einverstanden. Der lästige Satz aus meiner Kindheit «Der Apfel fällt nicht weit vom Stamm», der sich so einengend anhört, scheint also doch eine gewisse Gültigkeit zu haben. Oft wird der Satz zu eng ausgelegt, sodass es hoffnungslos erscheint, etwas zu ändern oder gar aus seiner engeren Umgebung auszubrechen. Trotzdem muss man wohl akzeptieren, dass sich Kinder oft in eine Richtung entwickeln, die durch die Verwandtschaft irgendwie vorgegeben ist. Es gibt eher sportliche oder eher musi-

kalische Familien. Und es gibt Familien, die diese Talente nur minim weitergeben.
Schaut man sich Fotos von kinderreichen Familien an und fragt, was aus jedem Kind geworden ist, zeigt sich oft folgendes Bild: Meistens gibt es einen sehr erfolgreichen Spross, der Arzt, Chefbuchhalter, Künstler oder etwas Ähnliches geworden ist, aber auch ein schwarzes Schaf. Beide kommen aus derselben Familie, haben dieselbe Abstammung und sind mehr oder weniger unter den gleichen Bedingungen aufgewachsen. Alle Kinder kommen aus der Familie Meier-Huber und sind doch so unterschiedlich erfolgreich. Die einen Kinder haben die Begabung geerbt, aus dem, was ihnen die Eltern mitgegeben haben, etwas zu machen und erfolgreich zu sein, und den anderen Kindern fehlt diese Begabung. Sie gehen die Dinge ungeschickt an und stellen sich oft selbst ein Bein.
Trotzdem spielt die Abstammung eine wichtige Rolle. Die Epigenetik beschreibt beispielsweise, wie über zwei, drei Generationen hinweg physische wie psychische Anpassungsleistungen an die Nachkommen weitergegeben werden, und zwar genetisch, also in einem chemischen Veränderungsprozess von Proteinen in der DNA. Litt eine Generation unter Hunger, sind die nächsten Generationen in abgeschwächter Form darauf eingestellt, mit Hunger umzugehen. War vor zwei Generationen Vorsicht sehr gefragt, spielt die Vorsicht bei den Nachkommen genetisch eine verstärkte Rolle. Kindern werden Lebensmuster von den Eltern mitgegeben.

Und weil die meisten Eltern gute Eltern sind, bekommen sie viel Gutes mit.

Was führt dazu, dass heute zahlreiche Eltern das Gefühl haben, sie hätten einen so großen Einfluss auf die Entwicklung des Kindes und seien so sehr verantwortlich für ihr Schicksal?
Nach dem Glauben an den Fortschritt der Technik und an die moderne Medizin und Chemie kam der Glaube an den Fortschritt der Psychologie und Pädagogik auf. Ich habe schon in den Kapiteln «Erziehung und Pädagogik» und «Psychologie» dargelegt, wie viele neue Therapien und Erziehungsmethoden in den letzten Jahrzehnten entwickelt und bis ins Feinste austariert wurden.

Man kann überall hören, lesen oder auch danach googeln, welche Therapien und Methoden noch möglich wären, was man noch alles für sein Kind tun könnte. Dadurch wächst der Eindruck, ein Kind sei sehr form- und optimierbar. Gleichzeitig suggerieren all diese Angebote, Kinder seien höchst fragil, sie könnten noch dieses und jenes Leiden haben oder bekommen. So erhalten die Eltern den Eindruck, dass sie mit all den Angeboten, die sie für die Erziehung der Kinder schon in Anspruch genommen haben, ganz viel erreicht oder zumindest manch Negatives verhindert hätten.
Kommt hinzu, dass die pädagogisch wirkenden Personen wie Kinderbetreuer und Lehrer auch ein Auge auf das Kind gerichtet haben und die Eltern von ihnen hören, was dem Kind noch fehlt, was besser sein könnte, anders werden muss. Häufig haben sie auch einen Tipp für entsprechende Hilfe parat.
All diese Angebote und gut gemeinten Anregungen fördern die Ansicht, mit der richtigen Erziehung sei fast alles machbar. Das führt bei manchen Eltern dazu, dass sie sich als sehr, sehr wichtig für die Ausformung der Kinder fühlen.

Doch nochmals zurück zur Ausgangsfrage dieses Kapitels: Wie viel ist beim Kind mehr oder weniger gegeben? In einer Metastudie, die im Frühjahr 2015 in *Nature Genetics* publiziert wurde, analysierten Wissenschaftler rund fünfzig Jahre Zwillingsforschung und fassten die Ergebnisse zusammen. Die Studie kam zum Ergebnis, dass Vererbung und Umwelt sich ungefähr zu je fünfzig Prozent auf das Leben eines Menschen auswirken – Verhalten, Denkweise und Wesenszüge mit eingeschlossen. Die Erziehung der Eltern gehört zur Umwelt, macht aber bei Weitem nicht 50 Prozent aus. Es gibt zahlreiche weitere Umweltfaktoren, die sich auf die physische, psychische, intellektuelle und soziale Entwicklung eines Kindes auswirken. Wir können diese Zahlen so interpretieren, dass ein gutes Elternhaus für das Gedeihen und die Entwicklung eines Kindes sicher wichtig ist. Aber der einzige, ausschlaggebende Faktor ist es nicht. Zwar können ganz schlimme Ereignisse und langandauernde Missstände in einer Familie Kinder brechen. Das kommt aber selten vor. Die allermeisten Eltern bewegen sich innerhalb der großen Bandbreite normal guter Eltern. Sie sollten sich als formendes Element ihrer Kinder nicht überschätzen.

## Exkurs in die System- und Chaostheorie

Man muss davon ausgehen, dass menschliches Leben nicht berechenbar und planbar ist. Man kann nur ungefähr spekulieren, wie ein Mensch auf eine Aktion oder Begebenheiten reagieren wird; er tut das in der Bandbreite des Menschlichen. Eltern können fast sicher voraussehen, wie ihr Kind auf die Frage reagiert, ob es ein Eis will. Normalerweise mit Freude. Aber wie sich dieses Eis auf die nächste halbe Stunde auswirkt, lässt sich nur noch sehr ungefähr voraussagen. Denn da kann ein anderes Kind daherkommen, das an einem viel größeren Eis leckt. Es kann ein Gewitter hereinbrechen, man muss unter ein schützendes Dach rennen und das Eis fällt dem Kind aus der Hand. Noch weniger können die Eltern voraussagen, wie sich dieses eine Eis und die nächsten fünfzig auf die Erziehung im Gesamten auswirken. Eltern können sich ziemlich gut darauf verlassen, dass ihr Kind ungefähr wie andere Kinder reagiert. Sie können aber nicht voraussehen, wie einzelne Begebenheiten, zum Beispiel die tägliche Gutenachtgeschichte, das konsequente Händewaschen vor dem Essen, die häufig lobenden Feedbacks, sich insgesamt auf das Verhalten später in der Lehre auswirken.
Varela und Maturana, zwei chilenische Neurowissenschaftler und

Philosophen, schreiben im Buch *Baum der Erkenntnis*, dass man menschliches Zusammensein, wenn es sich verwirrt oder verhärtet hat, nur möglichst gut «verstören» könne, sodass es sich «autopoietisch», das heißt selbstorganisatorisch wieder neu und besser organisieren könne. Das Bild dazu: ein Aquarium in Form eines halbdurchsichtigen großen Plastiksackes. Man kann einzig von außen den Plastiksack anstoßen und muss sich dann darauf verlassen, dass sich das Leben darin wieder neu ordnet nach den Regeln der Fische, Pflanzen, Seeschnecken und des Wassers. Von außen kann man nur am Plastiksack rütteln, um auf das System Einfluss zu nehmen.

Autopoietisch, selbstorganisatorisch, dieses sich neu und besser Organisieren ist mir ein wichtiges Element. Der Mensch ist wachstumsorientiert; Menschen, die zusammenleben, sind in der Regel bestrebt, Fortschritte zu generieren, sind kreativ darauf ausgerichtet, besser zu werden. Es gibt kaum nur bösartige und schlechte Menschen oder Familien. Personen mit asozialem Verhalten oder psychischen Störungen, turbulenteste Familien haben sich verwirrt oder verrannt. Man muss den Betroffenen einen Anstoß geben, damit sie sich selbstorganisatorisch neu orientieren können. Ich empfehle, sich auf diese Selbstorganisation zu verlassen, nicht naiv, sondern möglichst verantwortungsbewusst.

Die Chaostheorie beweist mathematisch, dass ein Pendel mit zwei Achsen und mehr, das angestoßen wird, sich in seinen Bewegungen nicht vorausberechnen lässt. Mathematisch ergeben zwei Achsen eines Pendels ein nicht lineares System von zwei Differenzialgleichungen, welche analytisch nicht lösbar sind. Sehr schnell variieren die Stellen hinter dem Komma, auch wenn man das Pendel in einem Vakuum anstößt und es aus absolutem Hightech-Material gefertigt ist. Ein Atom, ein kleinstes Detail, das «hustet», verhindert die Vorausberechenbarkeit. Was sich aber ablesen lässt, sind Muster der Bewegungen, die sich ergeben. Man kann in etwa voraussagen, welche Bewegungsmuster entstehen werden, aber nicht genau wie und nicht genau wann.

Menschliches Leben ist ganz ähnlich. Man kann lediglich Muster beschreiben wie Lebensphasen oder die Wirkung des Verliebtseins und dass sie meistens irgendwann nachlässt, oder die Muster, dass Tadel ein schlechtes Gewissen auslösen kann und Essen den Hunger stillt, aber auch Appetit auf mehr machen kann. Auf solche Dinge kann man sich mehr oder weniger verlassen. Aber das Leben eines Menschen ist als Ganzes nicht vorhersehbar oder planbar. Dazu spielen zu viele kleinste Details und Eigenheiten mit.

Beide Theorien beschreiben, dass menschliches Zusammensein nach Sicherheit sucht, Bewährtes bewahren und aufbauen will.

Nach dem Sturm sucht es die Ruhe, nach der Verwirrung wieder die Ordnung und verlässliche Regeln. Nach einiger Zeit der Ruhe besteht jedoch die Tendenz, das Zusammensein als allzu geordnet und allzu sicher zu empfinden. Man hat das Gefühl, sich starr in vorgegebenen Mustern zu bewegen. Das führt oft zu Konflikten. Normalerweise können die Menschen jedoch früh genug neue Impulse generieren und sich selbst Anstöße zur Reorganisation geben.

# Was gehört zu einer positiven Grundbeziehung zu den Kindern?

## Die 10 wichtigsten Aspekte

Klar, ohne Leiten und Führen geht es nicht. Kinder sind lange auf die Eltern angewiesen. Aber wie intensiv soll man erziehen? Erziehen ist ähnlich komplex wie das Coachen einer Fußballmannschaft. Der Trainer steht draußen am Spielfeldrand und versucht, mit Anweisungen, Reinrufen, Auswechslungen und Pausengesprächen die Mannschaft zum Siegen anzuleiten. Er versucht, Inputs zu geben. Sonst muss er sich darauf verlassen, dass die Spieler auf dem Feld sich von selbst möglichst gut finden und anstrengen. Interveniert der Trainer zu oft und gerät er in Aktionismus, provoziert er eher ein Durcheinander, als dass sich auf dem Feld eine Spielkultur entwickelt. Die meisten gehen davon aus, dass ein guter Trainer die richtige Dosierung finden muss zwischen einer guten Vorbereitung, dem Einsatz der richtigen Talente am richtigen Ort und den geeigneten punktuellen Inputs vom Spielfeldrand aus. Nicht jeder Impuls kann entscheidend sein. Viele Inputs verpuffen. Wenn die Spieler draußen auf dem Feld sind, muss er ihnen vor allem vertrauen. Bei Kindern ist es ganz ähnlich.

### 1. Kinder können sich selbst entwickeln

Wie im Kapitel *Wie es bei Kindern denkt* ausgeführt, haben Kinder aus Hunderttausenden von Jahren Menschheitsgeschichte die Fähigkeit mitgenommen, selbst auszuprobieren und so zu lernen, den Erwachsenen vieles abzuschauen und sich anzueignen. Im Pulk der Sippe wurden sie ohne große Erziehung lebensfähig. Sie können sich selbst entwickeln. Man kann sich auf sie verlassen, sie brauchen nur ihre Zeit und Felder zum Ausprobieren. Ich denke, die Kinder hatten damals mehr Zeit und offenere Ausprobierfelder als heute. Gelingt ihnen etwas selbst, durch eigenständiges

Ausprobieren, bleibt das Gelernte nachhaltiger haften als eine von anderen gelernte Lösung.

Das körperliche Wachstum führt uns am deutlichsten vor Augen, dass vieles ganz von selbst gedeiht, von Natur aus heranreift. Ähnlich ist es mit der Intelligenz, der Psyche und den sozialen Fähigkeiten, sofern die Kinder genügend Zuwendung und Anregungen erhalten und nicht isoliert aufwachsen. Man kann und darf sich darauf verlassen, dass Kinder wachsen und sich entwickeln. Das verlangt von den Eltern eine gewisse Gelassenheit und Vertrauen. Ein schönes Beispiel sind Kinder, die fast nur von Teigwaren und zwei Arten Gemüse leben und dennoch ohne Mangelerscheinungen groß und lebensfähig werden. Oder Kinder, die trotz schwierigsten Familienverhältnissen große Vorbilder geworden sind. Nicht alle Kinder wachsen mit Eltern auf und werden doch lebensfähige Erwachsene. Neben der oben erwähnten Epigenetik zeigt auch die Forschung zur Resilienz, das heißt zur psychischen Widerstandskraft, dass gut ein Drittel aller Kinder auch in schwierigsten Verhältnissen ohne Hilfe einen guten Weg findet.

### 2. Einigermaßen gut ist perfekt

Eine wichtige Größe für eine gute Grundbeziehung zu Kindern heißt: einigermaßen gut.

Die meisten kennen folgendes Phänomen: Als Gastgeber bemerkt man alle kleinen Makel, ein Fleckchen auf dem Tischtuch, den leicht zu salzigen Geschmack des Broccoli-Sesam-Süppchens, während die Gäste alles ganz toll finden und nichts von all dem bemerken. Zahlreiche Eltern haben auch in der Kindererziehung zu hohe und perfektionistische Ansprüche. Es einigermaßen gut zu machen, guter Durchschnitt reicht. Dann gehts den Kindern besser, und die Eltern haben weniger Erziehungsstress. Will man zu viel, überfordert man die Kinder und sich selbst. Es entsteht ein Klima der Verunsicherung.

All die Angebote zur Kinderförderung erwecken den Eindruck, man könne Kinder beliebig optimieren und perfektionieren. Oft wäre es besser, die Eltern würden darauf vertrauen, dass Kinder sich selbst entwickeln. Eltern stehen auch in einer Linie von Generationen, die es mit den Kindern mehr oder weniger recht gemacht haben. Eltern, die dieser Tradition vertrauen, lassen sich weniger verunsichern und verlassen sich mehr auf sich selbst. Die allermeisten Eltern gehören wie ihre Kinder zum großen, breiten, also guten Durchschnitt. Durchschnittlich gut, einigermaßen gut ist in der Kindererziehung perfekt.

Die Fürsorge für das Kind und der Wunsch, ein hervorragendes Kind zu haben oder gar das beste, führen Eltern immer wieder zu den Fragen: Wie weit ist mein Kind? Wann sollte es dies und jenes können? Entwickelt sich alles richtig? Man möchte Sicherheit und wissen, wo man mit dem Kind steht.

Die einen Kinder reden früh, fangen aber länger noch keinen Ball. Die andern umgekehrt. Die einen sind scheu und fast ängstlich, die andern wild und draufgängerisch. Nicht alle Talente sind bei allen gleich ausgeprägt. In der einen Familie ist man musikalisch begabt, dafür sportlich eher unbedarft. In der andern umgekehrt. Geschwister sind verschieden. Außerhalb der Familie begegnet man immer wieder Kindern, die weiter sind als die eigenen. Es gibt immer Kinder, die besser sind.

Welche Maßstäbe bieten sich an, um das Kind zu beurteilen? Das eine Wort wäre der «Durchschnitt». Mit diesem Wort muss man vorsichtig sein: Kein Kind entspricht jemals dem Durchschnitt, denn der Durchschnitt ist aus all den vielfältigen Kindern errechnet. So empfiehlt sich eher das Wort «Bandbreite». Die Bandbreite als ausgedehnte, breitfächerige Auflistung dessen, was noch in Ordnung ist. «Mein Kind ist in der Bandbreite der Spielgruppenkinder, Kindergärtler oder Drittklässler.» Einigermaßen gut, in der Bandbreite. So gibt es mehr Platz für Zufriedenheit mit dem, was die Kinder schon können.

Einige Kinder zeigen auffällige Schwächen. Einige sogar diagnostizierte. Bei Kindern mit Diagnosen scheint es mir wichtig, dass man nur von Teilschwäche spricht. In diesem Wort ist enthalten, dass es nicht das ganze Kind betrifft. Ein Legastheniker kann vielleicht gut diskutieren, aber aufs Blatt bringt er keinen korrekten Satz. Oder er kann sehr gut zeichnen, das kann ihn vielleicht mal ernähren. Spricht man von Teilschwäche, kann man sich besser an den guten Seiten des Kindes erfreuen. Das nützt ihm sehr viel mehr, als wenn man immer auf seinen schwachen Teil fokussiert. Manche Einschränkungen der Kinder kommen ja so häufig vor, dass sie irgendwie in der Bandbreite liegen.

### 3. Kinder als wichtigste Nebensache betrachten

Kinder liebt man, man würde alles für sie geben. Für viele Eltern sind sie das Wichtigste auf Erden. Ist ein Kind krank, leiden die Eltern mit. Passiert etwas Schlimmes, ist es für die Eltern eine Katastrophe. Trotzdem wage ich zu sagen: Kinder sollten nur die wichtigste Nebensache für die Eltern sein.
Klar sind Kinder eine große Quelle des Glücks: bei der Geburt, meistens, und später, wenn der kleine Wurm den Klammergriff um Papas großen Finger macht oder die ersten Worte spricht. Aber die Kinder als dauerhafte Glücksspender? Alltäglich, über Jahre hinweg? Unmöglich.

Ein Kind ist pflegebedürftig, unvollkommen und unfertig. Das mit den Windeln klappt noch nicht, es weint so schnell, isst nicht schön, streitet gern, geht nicht gern in die Schule, hat schnell Angst. «Kinder bereiten eigentlich immer Kummer», hat mir kürzlich eine achtzigjährige Bekannte gesagt, obwohl sie selbst einen Vorzeigesohn in die Welt gesetzt hat.
Vor allem für die Kinder ist es eine große Last, wenn sie für die Eltern das Wichtigste der Welt sind und ihnen den Lebenssinn geben sollen. Sie stehen damit im Zentrum der elterlichen Aufmerksamkeit, werden maßgebend für das Befinden ihrer Eltern und zum dauernden Maßstab der elterlichen Zufriedenheit.

Kinder benötigen die Freiheit, unzulänglich und eigen zu sein. Sie benötigen eine relativ große Toleranz in Bezug auf ihr Sein und Tun. Kinder sind sich – auch aufgrund ihrer Rolle in der hunderttausendjährigen Menschheitsgeschichte – eher gewohnt, die wichtigste Nebensache der Eltern zu sein. Wer auf einem Bauernhof aufgewachsen ist oder in einem handwerklichen Familienbetrieb, kennt das Gefühl, dass im Zentrum des familiären Lebens der Betrieb steht. Das Überleben der Familie hängt ab vom Hof, von den Kühen und der Ernte oder davon, dass das Mühlrad dreht oder die Esse zieht. Das Groß- und Klugwerden der Kinder ist eingebunden im Betrieb. Die Kinder laufen parallel zum Werken und Wirken der Eltern mit. Damit haben sie auch Anteil an der gemeinsamen Zufriedenheit, an dem, was alles gelingt und erreicht wird. Dabei stehen die Kinder die meiste Zeit im Windschatten der Eltern und erhalten so Freiraum, Dinge auszuprobieren, Halbheiten zu machen und heranzuwachsen.

### 4. Es braucht nicht immer die Eltern

Heute ist es meistens so: Hat ein Kind von drei, vier Jahren ein Bein gebrochen und liegt im Spital, schläft ein Elternteil ebenfalls dort und besucht es jeden Tag. Im Sport ist es fast üblich, dass die Eltern am Spielrand stehen. Sie werden von den Trainern fast aufdringlich dazu eingeladen. Ist der Hamster gestorben, wird das Kind von den Eltern getröstet. Muss das wirklich alles so sein? Macht es alle Welt rundherum so, haben die Eltern tatsächlich das Gefühl, es müsse so sein. Sonst fühlt man sich als Rabeneltern.

Wichtige Lernfelder sind erstens die Familie, zweitens formelle Bildungsorte wie Kindergarten und Schule und drittens ergänzende Förderangebote wie Mutter-und-Kind-Turnen, musikalische Früherziehung oder Therapien. Diese Erziehungsfelder sind gut erforscht. Man kann sie planen, steuern, entwickeln und verfeinern. Viertens ist das Lernfeld Begegnungen mit Gleichaltrigen und weiteren Personen ebenfalls sehr wichtig.
Weitere Personen sind zum Beispiel Großeltern, Nachbarn, prägende Lehrerpersönlichkeiten oder Trainer. Über dieses Erfahrungs- und Lernfeld gibt es wenig «wissenschaftliche» Untersuchungen, weil weniger planbar. Meines Erachtens ist es aber ein sehr wichtiges, weil Kinder darin sehr eigenständig sich selbst ausprobieren können. (Ist es nicht so, dass, wer heute Kinder hütet, ebenso sehr darauf achtet, dass man es den Eltern und nicht nur den Kindern gegenüber recht macht?)

Kinder finden sich in der Regel mit anderen Leuten gut zurecht. Sie lassen sich auch von der Großmutter trösten. Kranksein und Gesundwerden können sie auch bei der Tante. Abschauen und Nachahmen ist spannender bei «fremden» Leuten. Diese Fähigkeit haben sie ebenfalls aus der hunderttausendjährigen Menschheitsgeschichte mitgenommen. Kinder werden auch ohne Eltern groß und lebensfähig.
Wie viel feiner Egoismus versteckt sich hinter der «stressigen Pflicht» der Eltern, «immer dabei sein zu müssen»? Hinter dem Bedürfnis, so viel mit den Kindern zu erleben und für sie das Wichtigste zu sein?
Kinder fühlen sich stolz, wenn sie Erlebnisse mit anderen Leuten nachher zu Hause erzählen können und sehen, wie die Eltern über ihre Selbstständigkeit staunen.

**5. Die zukünftigen Werte der Kinder hat man nicht im Griff**
Fragt man Leute, was sie geprägt habe, so sprechen die meisten von der Familie als Basis für das Leben. Viele erlebten die Familie als gut, bringen aber eine Menge Wenn und Aber an. Die meisten spüren auch eine innere Opposition zum Elternhaus. Sie sinnieren, wo und mit wem sie was erlebt haben, welche Leute sie bewunderten, von welchen sie sich abgestoßen fühlten, mit welchen sie sympathisierten, mit wem sie gekämpft und sich rumgeschlagen haben. Sie überlegen sich, wie sich daraus Lebensgefühle, Haltungen und innere Leitsätze gebildet haben. Viele merken erst im Rückblick, wie sie sich in der Familie irgendwie anpassten und draußen ganz anders waren, anders sein konnten.

Was Eltern zu leben pflegen, als Erziehung mitgeben möchten, und mag es noch so gut sein, kann den Kindern irgendwann, vor allem gegen das Jugendalter hin, «verdächtig» vorkommen. Fortschritt oder anders sein, der kurze «Exkurs in die System- und Chaostheorie» hat es gezeigt, ist für die menschliche Natur Notwendigkeit, sie strebt nach Veränderung. Das «Altbewährte» kann nicht telquel zählen für die eigene Zukunft. Bei mehreren Geschwistern können nicht alle das Gleiche werden. Die Kultur in der Umgebung, die anziehend wirkt, kann die elterlichen Werte eng erscheinen lassen. Eltern sind nicht alles, Kinder haben die Tendenz, ab dem Jugendalter gegenüber den Eltern «in Opposition» zu gehen.
Tüchtigste Eltern haben immer wieder Kinder, die als junge Erwachsene gemächlich und wenig fleißig vor sich hinleben. Einer Majorsfamilie entspringt ein Zivildienstler, einem 68er-Paar ein Banker, ordnungsliebenden Eltern ein Chaot.
Sind sich Eltern dessen bewusst, können sie ihre Erziehungsaufgabe eher mit der nötigen Gelassenheit angehen.

**6. Kinder nicht als grundsätzlich gefährdet behandeln**

Liest man die Presse, laufen alle Kinder Gefahr, kriminell, drogensüchtig oder gewalttätig zu werden. Aus all den Artikeln kann man herauslesen, 30 Prozent seien depressiv, 30 Prozent süchtig, 20 Prozent latent gewaltbereit, 20 Prozent kriminell angehaucht und 20 Prozent asozial. Dann gibts noch die Kinder und Jugendlichen mit Essproblemen und viele weitere Gefährdungen. Alle haben das Potenzial zu irgendetwas, alle scheinen irgendwie gefährdet, extrem zu werden. Das stimmt aber nicht. 95 Prozent sind ganz normale Kinder mit ihren ganz normalen Eigenheiten, und sie werden einmal ganz normale, durchschnittliche Erwachsene (vielleicht nachdem sie eine etwas turbulente Jugendzeit durchlebt haben).
Es gibt Erziehungsmethoden, die ein gewaltfreies Verhalten oder die Suchtprävention ins Zentrum stellen. Einem harmlosen Wesen, wie es die allermeisten Kinder sind, muss man nicht so begegnen, sie benötigen keine derartige Erziehung. Kommt hinzu, dass durch die Fokussierung auf ein solches Thema dieses latent immer mitschwingt und sich durch die Hintertür erst recht ein-

schleicht. Die Kinder können sich von diesem Thema in Beschlag genommen fühlen, und später, in der Pubertät, kommt es plötzlich als Rebellionsmittel zum Vorschein: Sie werden gewalttätig oder nehmen Drogen, um sich von den Eltern abzugrenzen und zu rebellieren. So fördert direkte Prävention manchmal genau das, was man eigentlich vermeiden möchte.
Kinder sind nicht von vornherein verdächtig! Dieses Verdächtigen erinnert an die Erbsünde und an den Glauben an den Teufel, der alle verführen kann und deshalb prophylaktisch ausgetrieben werden muss. «Teufelsaustreibungen» wirken oft kontraproduktiv. Kinder sind potenziell zu Erfolg befähigt. Die Presse ist die Presse, sie zeichnet nicht das richtige Bild über den Zustand der großen Mehrheit der Kinder und Jugendlichen.

### 7. Genügend Zeit einräumen für die Selbstorganisation

Zeit und Rhythmus sind für die Selbstorganisation wichtige Faktoren. Jedes System hat seine Zyklen, seinen Rhythmus und sein Tempo. Wellen haben ihre Wellenlänge und Geschwindigkeit, Staub schwebt eine Zeit lang aufgewirbelt in der Luft und Pflanzen wachsen nicht schneller, wenn man am Stängel zieht. Zeit braucht es auch, um eine Idee zu entwickeln, eine kritische Situation zu beruhigen oder eine Beziehung aufzubauen. Und sehr viel Zeit braucht es, bis aus einem Neugeborenen eine selbstständige erwachsene Person geworden ist.
Heute, in unserer hektischen und ungeduldigen Zeit, ist es besonders wichtig, dass sich Eltern überlegen, wie viel Zeit die Kinder und das Familiengefüge benötigen. Klar ist, wie lange eine Kindheit dauert und wann ungefähr die Pubertät beginnt und wann diese wieder vorbei ist. Aber manchmal vergessen die Eltern, wie lange es dauert, bis Kinder richtig lesen, schreiben und rechnen können, nämlich eine ganze Schulzeit lang.
Wie lange dauert die Freude eines dreijährigen Kindes, wenn es ein Weihnachtsgeschenk bekommt? Oft nur fünf Minuten, weil die Neugier auf die nächsten Geschenke größer ist. Die Enttäuschung des Vaters, dass sein Kind es nicht so geschätzt hat, wie er es sich vorgestellt hat, kann den ganzen Abend dauern.
Wie lange dauert die «Verzweiflung» eines Vierjährigen, der eben noch im Wohnzimmer getobt hat und nun in seinem Zimmer

heult? Zehn Minuten? Der Frust, weil er das Game auf dem Handy der Mutter nicht weiterspielen konnte, dauert wohl etwas länger. Vielleicht hat er sich innerlich schon beruhigt, noch bevor das Schluchzen ganz aufgehört hat. Jetzt zeichnet er nur noch mürrisch ein paar Schreckgespenster. Und bald ist er der Held, der das Monster besiegte. Das schlechte Gefühl kann der Mutter aber noch beim Zubettgehen schwer aufliegen.

Wie lange benötigt ein Kindergärtler, bis er sich an sein neues Schwesterchen gewöhnt hat? Das kann vielleicht von März bis Sommer gehen. Wenn er dann in die Schule kommt, beschäftigt ihn das Neue. Oder die Gewöhnungszeit dauert so lange, bis ihn die Mutter regelmäßig helfen lässt, die Kleine zu wickeln, oder er

einmal bei ihr in der Wiege liegen darf. Wie lange benötigen Eltern für diese Umstellung? Vielleicht ein Jahr, bis die Mutter wieder arbeiten gehen kann und die Eltern wieder als Paar unterwegs sind. Auf drei oder zehn zählen kann Kindern ermöglichen, selbst eine Lösungen zu finden. Drei oder zehn Sekunden, wenn es hinfiel oder die Schere seltsam in den Fingern hält. Drei Minuten, wenn es mit andern streitet oder den falschen Ärmel der Jacke erwischt hat. Zehn Minuten, wenn es darum geht, mit dem Aufräumen anzufangen. Drei Stunden, um zu überlegen, wie es die frechen Worte wiedergutmachen will. Je nach Alter.

Es lohnt sich für Eltern, öfter einzuschätzen, was wie viel Zeit beansprucht. Genügend Zeit erhöht für Kinder die Wahrscheinlichkeit, sich selbst erfolgreich zu erleben. Der Mensch benötigt eher mehr Zeit, als man ihm heute gemeinhin zugesteht, um sich zu sammeln, neu zu formieren und von selbst zu genesen. Selbstorganisation braucht ihre Zeit.
Wichtig ist auch, dass die Eltern mit ihrer Art dazu beitragen, dass die Kinder einen großen Ärger, eine große Verwirrtheit oder eine Trauer verarbeiten können. Teilen die Eltern die Gefühle des Kindes allzu sehr, mehr aus eigener Ungeduld, um es nicht leiden sehen zu müssen und behandeln sie es als geplagtes Opfer, schwingt das Kind vermutlich in dieser Atmosphäre mit und fühlt sich erst recht als leidendes Opfer. Finden die Eltern einen gewissen Abstand zu den Gefühlen des Kindes und sehen im negativen Erlebnis eher ein Abenteuer – wenn auch ein schwieriges – geben sie dem Kind eher die Freiheit, das in seinem eigenen Tempo und seiner eigenen Art zu verarbeiten.

### 8. Kinder benötigen Erprobungsspielraum

Was lernen wir eigentlich, bis wir groß sind? Als Erstes wohl, wie wir die anderen für uns engagieren können, wie die anderen uns nützlich sein können. Das macht schon das hilflose Bébé, das schreit und lächelt, damit es bekommt, was es braucht. Als Erstes erlernen wir also den Umgang mit den Menschen. Und dann lernen wir Motorisches und Geistiges, Fertigkeiten und Abläufe, Zusammenhänge, Wissen. Dieses «Wie die anderen uns nützlich sein können» erachte ich als das Wichtigste: Schließlich muss man alles, was man motorisch und geistig kann, auch im Umgang mit anderen Menschen praktizieren. Dazu gehört auch, wie man mit sich selbst umgeht, die Selbstregulierung. Ohne Selbstregulierung geht man den andern auf die Nerven.

Bei Eltern, die das Kind ständig umsorgen, ihm alle Wünsche rasch erfüllen und viele Schwierigkeiten aus dem Weg räumen, besteht die Gefahr, dass sich das Eigenpotenzial und die Selbstorganisation des Kindes zu wenig entwickeln. Selbstständigkeit üben heißt, die Kinder selbst ausprobieren und auch mal «hocken» zu lassen, sie auch mal verzweifeln zu lassen (natürlich nicht gänzlich, aber lange genug). Die Eltern können den Kindern nützlich sein, indem sie sich mit ihrer eigenen Nützlichkeit zurückhalten. Der Plan heißt: Einplanen von undefinierten, unangeleiteten Zeiten. Die Einstellung dazu: «Ich bin gespannt, wie das rauskommt, ich halte mich mal zurück.»

Gut ist auch, wenn die Eltern nicht immer die Verantwortung für die Problemlösung übernehmen, sondern nur Tipps geben, nicht gleich Anleitungen und Anweisungen.

**9. Nicht zu oft und zu intensiv intervenieren**
Wie der Fußballtrainer, der im ersten Abschnitt dieses Kapitels beschrieben wurde, können auch Eltern bei der Erziehung ihrer Kinder zu oft und zu intensiv intervenieren. Wird oft und intensiv bei fast allem, was die Kinder machen, aktiv erzogen, blockiert man die Fähigkeit zur Selbstorganisation.

Es entsteht beispielsweise die paradoxe Situation, die ich im Kapitel über die Kommunikation erwähnt habe: Eltern, die immer erziehen, haben meistens einen fragenden, skeptischen und prüfenden Blick. Aufmunternde Worte werden entwertet durch die Gestik, die kein Vertrauen ausdrückt. Wer immer prüft, interveniert und direkt erzieht, schafft eine Atmosphäre, in der sich Kinder kaum einmal richtig sammeln und als lebenstauglich erleben können.
Bei einer solchen Erziehung versuchen die Kinder vor allem herauszufinden, was die Eltern erwarten, und erfüllen dann diese Erwartungen, statt dass sie ihre eigenen Fähigkeiten kennenlernen, erproben und nutzen. Kinder, die ständig in intensiven Erziehungssequenzen leben, werden oft Spezialisten des sich momentanen Anpassens und der Fähigkeit, es den anderen recht zu machen. Müssen sie mal selbst entscheiden und agieren, sind sie verloren.

Wer darauf vertraut, dass Kinder sich auch selbst entwickeln und sich vieles selbst beibringen können, nimmt eine erbauliche Grundbeziehung ein. Die Kinder brauchen den nötigen Freiraum, um selbst ausprobieren und auch mal einen Fehler machen zu dürfen. Diese Haltung baut auf das typisch Menschliche im Kind auf.

**10. Regie führen, damit sich nützliche Gewohnheiten bilden**
Dieser letzte Ratschlag ist nicht ganz einfach umzusetzen. Er ist aber besonders wichtig und wird daher im letzten Kapitel genauer erläutert.

## Den Kindern nützliche Gewohnheiten mitgeben

Ich vermute, dass Gewohnheiten viel mehr erziehen als das direkte Erziehen, Intervenieren und aktive Anleiten. Mit «Gewohnheiten» meine ich einen Mix von wiederkehrenden Handlungen, Geschehensabfolgen, Reaktionsmustern, Kommunikationssequenzen und Gefühlslagen, Tonationen, die Freude oder Ärger begleiten, wiederkehrende Stimmungen zu Situationen im menschlichen Zusammenleben. Zum Beispiel, wie man zusammen am Tisch isst und welche Gefühlslage dabei vorherrscht. Wie und wann Hausaufgaben gemacht werden und die Stimmung, die dabei mitschwingt. Die Zufriedenheit der Eltern, wenn ein Kind versucht, ein Lied zu singen. Die Angst des Vaters, wenn ein Kind erzählt, wie es im Sandkasten von anderen Knirpsen getriezt wurde. Es geht um die feinstofflichen Stimmungen im familiären Zusammenleben.

### Gewohnheiten aus Sicht der Neurobiologie

Das menschliche Gehirn fängt nicht bei null an, es entwickelt sich vermutlich aus einem Mix von Erbanlagen und der Kommunikation (mehr der nonverbalen als der verbalen). Sicherheit und Wohlsein, so beschreiben Neurobiologen, lagern sich in den (nach der Evolution) alten Hirnregionen ab, gut eingebettet im inneren, leicht hinteren Teil des Kopfes. Intellekt und Überlegen befinden sich eher in den neueren Hirnregionen hinter der Stirn. Wiederkehrende Geschehensabfolgen und die dabei mitschwingenden Stimmungen und Gefühlslagen (da spielen auch noch Hormonausschüttungen für Freude, Angst, Glück usw. mit) fördern die Verbindungen zwischen den Hirnregionen, verstärken diese Verbindungen zu Aktions- und Reaktionsmustern. Es entstehen wichtige Verkehrswege, die sich auf die Bearbeitung von Fühlen und Denken spezialisieren und von gemachten Erfahrungen beeinflusst werden, im positiven wie im negativen Sinn. Die Intuition, die Mischung aus Fühlen und Überlegen, ist stark geprägt von solchen Wechselwirkungen zwischen den Hirnregionen. Das Hirn baut Muster und Automatismen auf, es will sich auf sich verlassen können.

**Gewohnheiten aus psychosozialer Sicht**

Gewohnheiten sind Bestandteil unserer Identität. Sie beeinflussen unser Daseinsgefühl und unser Selbstbewusstsein. Immer wieder Erlebtes und Szenerien, die mit bestimmten Emotionslagen verbunden sind, prägen den Menschen. Natur und Umgebung können prägen. Ein Bergler bleibt irgendwie ein Bergler und ein Städter bleibt ein Städter. Die Art, wie eine Familie trauert und feiert, wie sie streitet, setzt sich im Kind als Identität fest. Gewisse Szenarien werden von bestimmten Gefühlslagen besetzt. Dies beeinflusst, wie die Kinder in bestimmten Situationen reagieren und mit den Situationen umgehen. Von der Kleinkinderzeit bis zur Pubertät «lernen» die Kinder ihre Gefühls- und Verhaltensmuster für das familiäre und menschliche Zusammenleben. Der «goût de famille» setzt sich fest.
Oft korrigiert werden oder selbst ausprobieren dürfen. Sich unbekümmert freuen dürfen oder zu jeder Freude eine Warnung mitgeteilt bekommen. Nachvollziehbar getadelt oder «angeranzt» werden. Geherzt werden oder eine Liebesbezeugung bekommen. Ermuntert oder mit Ängstlichkeit ermutigt. Solche Kommunikationsmuster und Gewohnheiten hinterlassen Spuren, wirken sich auf die Selbstsicherheit und das soziale Verhalten der Kinder aus und prägen ihre Identität.

**Gewohnheiten aus Sicht des systemischen Denkens**

Gewohnheiten ergeben Grundmuster des gegenseitigen Umgangs. Der Mensch ist ein kommunizierendes Wesen. Man weiß, dass Kinder ohne körperliche und kommunikative Zuneigung nicht lebensfähig sind. Der Mensch baut darauf auf, dass er sich auf die anderen verlassen kann und dass die andern auf ihn angemessen reagieren. Auf eine Frage gibt es eine Antwort, auf Schmerzen reagieren die andern mit Trost und Pflege, auf Lachen mit Lachen, auf Not kommt Hilfe, auf Zunge-Herausstrecken folgt Tadel. Der Mensch verlässt sich im Alltag darauf, dass zwischenmenschliche Beziehungen so funktionieren, wie er es gewohnt ist und wie er es ungefähr erwartet. In der Familie, dann immer mehr in der Außenwelt, baut der Mensch auf Konventionen, auf verlässliche Abfolgen von Aktion und Reaktion. Wenn man Fußball spielt, nimmt man nicht plötzlich den Ball in die Hände. Und ein Kind, das einem anderen Sand in die Augen wirft, erhält dafür nicht ein Eis als Belohnung. In funktionierenden Familien gibt es eingespielte und gewohnheitsmäßige Verhaltens- und Kommunikationsmuster.

Nachvollziehbarkeit und Authentizität fördern einen verlässlichen und vertrauensvollen Umgang miteinander. Zwiespältigkeit und Manipulation fördern Skepsis und Misstrauen.

## Familiengewohnheiten wirken nachhaltig

Bis in die Zeit der Adoleszenz, bis ungefähr zum 16. Altersjahr, erleben sich Kinder vorwiegend als Teil der eigenen Familie. Sie sind Individuen, können sich aber noch nicht richtig als eigene Identität erkennen. Gefühlsmäßig sind sie Bestandteil der Familie, erkennen sich nur unscharf, wie Gelb im Gelb. Sie haben bisher vor allem ihre eigene Familie kennengelernt, wissen, was sich in ihr abspielt, kennen ihre Atmosphäre, Gefühlswelt, Haltungen und Kommunikationsmuster. Bisher haben sie quasi nur in ihrem eigenen Wald gelebt. Dieser ist richtig, selbstverständlich. Auch wenn es noch so eigenartig zu und her geht in dieser Familie, es ist die ihrige. Der Groove ihrer Familie pflanzt sich als eine Art Urgefühl der eigenen Kinderstube ein.
Das Bedürfnis, sich von der eigenen Familie zu unterscheiden und abzugrenzen, entsteht mit der Adoleszenz. Nun beginnt die Ablösung vom Elternhaus. Als junge Erwachsene werden sie immer

mehr sich selbst und entwickeln stark ihr eigenes Wesen. Anders sein ist dann vielen wichtig.
Tauchen sie später selbst wieder in ein Familienleben ein, als Mama oder Papa, melden sich die alten familiären Gewohnheiten zurück. Wie sich Familie und Erziehung anfühlt, hat man bei seinen Eltern erfahren. Viele Paare sind oft überrascht, wie sich ihre Partnerin oder ihr Partner mit der Familiengründung verändert. Was da nicht alles zum Vorschein kommt, wenn es um die eigenen Kinder geht! Die alten Familiengewohnheiten gewinnen plötzlich als tief sitzende Muster wieder an Bedeutung.

## Gewohnheiten beeinflussen auch die Jugendzeit

Absolvieren die Kinder einmal eine Lehre oder besuchen sie das Gymnasium, wünschen sich die Eltern Kinder, die selbstständig sind, ein gewisses Durchhaltevermögen aufweisen, auch mal etwas einstecken können und sich nicht jeden Modekram anschaffen müssen. Diese Tugenden entfalten sich nicht einfach, wenn sie benötigt werden, wenn zum Beispiel die Lehre durchgestanden oder im Gymnasium gebüffelt werden muss. In solchen Situationen spielen, neben dem Charakter der Jugendlichen, die in der Kindheit erworbenen Gewohnheiten eine zentrale Rolle.
Kinder, denen sehr viel abgenommen wurde und die wenig für sich selbst sorgen mussten, tendieren in der Jugendzeit dazu, eine Arbeitslast schnell mal als zu groß zu empfinden. Wenn die Kinder Konflikte kaum mal selbst aushandeln mussten und die Eltern sich immer schützend vor sie gestellt haben, neigen sie in der Jugend dazu, rasch aufzugeben, sich zurückzuziehen und die Schuld bei den anderen zu suchen. Kinder, die immer das Neuste und Teuerste bekamen, sind sich dies in der Jugend weiterhin gewöhnt. Bald einmal übersteigen die Ausgaben das Taschengeldbudget. Wenn die Eltern Abenteuer ihrer Sprösslinge in der freien Natur aus Ängstlichkeit vermieden haben, wachsen mit grosser Wahrscheinlichkeit Jugendliche heran, die lieber am Computer etwas erleben, als zu versuchen sich draußen durchzusetzen.
Garantiert richtig machen kann man es nie. Die Jugendphase hat meistens ihre Kapriolen. Wenn aber Kinder bereits in der Kindheit

die richtigen Gewohnheiten annehmen, steigt die Wahrscheinlichkeit, dass sie diese auch in der Jugend praktizieren.

**Das Leben als Abenteuer gestalten**

Wie können Eltern erreichen, dass den Kindern nützliche Gewohnheiten mitgegeben werden? Ich plädiere für die altersgerechte Gestaltung der Kinderstube als stetes Abenteurer – mit vielen schönen Momenten, Bewährungsproben und auch harten Zeiten. Das Leben ist ein Auf und Ab von Harmonie und Spannung.

In meiner langjährigen Tätigkeit bin ich vielen Jugendlichen begegnet, die nicht gewohnt waren, dass das Leben ein Abenteuer ist. Sie mussten sich erst beim Einstieg in die Berufswelt und in die Eigenständigkeit daran gewöhnen, oft sehr schmerzhaft. Oft erlebe ich auch Kinder, die gegen ihre schöne, schonende Kindheit rebellieren, es sich selbst abenteuerlich machen. Wieso hören sich Kinder so gerne Abenteuergeschichten an? Weil sie nebst dem Kuscheln auch abenteuerliche Reize in sich spüren. Sie wollen sich erproben und beweisen und suchen Erfolge. Nicht nur auf dem Spielplatz, auch im Alltag mit den Eltern, Erwachsenen und anderen Kindern.

Es ist fair gegenüber den Kindern, ihnen altersgerecht diejenigen Gewohnheiten mitzugeben, die im Erwachsenenleben dann auch benötigt werden. Nebst all dem Schönen gehören Frust, Schmerz, Ausharren, Sitzengelassen werden usw. zum Leben. Solche Erlebnisse und Gefühle dauern ja meist nur kurze Zeit. Es ist nützlich, wenn man schon in der Kindheit lernt, dass solche Erfahrungen überwunden werden können. Erlebt ein Kind Streit und Frust und gelingt es ihm danach in seinem Zimmer, sich selbst zu beruhigen, erlebt es eine Erfolgsgeschichte. Ein gebrochener Arm, eingegipst beim Arzt, ist ein überstandenes Abenteuer. Erträgt das Kind zwei Jahre lang eine (in seinen Augen) unsympathische Lehrerin und bringt es dann doch rechte Noten nach Hause, fühlt es sich als Sieger über die Lehrerin und sich selbst. Hat es dem Nachbarskind aus Neid die neue Puppe in den Dreck geworfen und sich dafür entschuldigen müssen, und wird es später trotzdem bei den Nachbarn wieder zum Eis eingeladen, hat es eine lehrreiche Erfahrung gemacht.

Kindheit ist ein Ausprobierfeld. Überwundene Abenteuer sind Er-

folgsgeschichten. Sie lehren die Kinder, Gewohnheiten anzunehmen, die ihnen im Erwachsenenleben helfen werden. In den oben angesprochenen Abenteuern lernen die Kinder zum Beispiel, dass sie Frustrationen mit Geduld selbst überwinden können, dass es Durchhaltewillen braucht oder dass man sich entschuldigen muss, wenn man Unrecht getan hat.
Eltern tun gut daran, solche Abenteuer zuzulassen und nicht von vornherein alle Schwierigkeiten aus dem Weg zu räumen. Eltern müssen aushalten können, dass ihre Kinder manchmal leiden, Schmerzen haben, frustriert sind und es ihnen nicht gut geht. Ich denke auch, dass Kinder oft viel weniger leiden, als die Eltern meinen. Oft sieht es herzzerreißend aus, aber schon wenig später ist alles nur noch halb so schlimm.
Eine abenteuerliche Kindheit bietet die Möglichkeit, schlau, erfinderisch, geschickt, ausdauernd und selbstsicher zu werden. Das ist es doch, was sich alle Eltern für ihre Kinder so sehr wünschen.

## Der Vorsprung der Eltern

### Zwischen Eltern und Kindern besteht eine natürliche Hierarchie

Ein weiterer wichtiger Aspekt, der die Grundbeziehung zu den Kindern beeinflusst, ist die Hierarchie zwischen Eltern und Kindern. Wie bereits erwähnt, neigen heutige Eltern zu einer freundschaftlichen Beziehung zu ihren Kindern. Sie haben ein demokratisches Grundverständnis, das ein hohes Mass an Mitsprache der Kinder wünscht. Sie versuchen, den Kindern auf gleicher Augenhöhe zu begegnen, die Kinder mit Erklären, Absprachen und Einverständnis zu leiten. Aber Eltern sind älter, haben viel mehr Lebenserfahrung, können gescheiter und differenzierter denken und stehen in der Verantwortung für einen vernünftigen Alltag, Lebenswandel und Erziehungskontext. Auch sind Eltern ganz einfach größer als die Kinder, jedenfalls bis in die Pubertät. Sie haben also eine natürliche Autorität.
Gestehen Eltern den Vorsprung, ihre bestimmende Stellung, es ist auch Macht, nicht ein, werden sie den Kindern gegenüber oft

doppelbödig. Benehmen sich die Kinder nicht vernünftig, bestimmen die Eltern dann doch, wo es langgeht. Es besteht auch die Gefahr, dass den Kindern Versprechen abgenommen werden, die sie dann nicht halten können. Dadurch bekommen sie einen Touch von unehrlich, obwohl das «falsche» Versprechen eigentlich auf Druck der Eltern entstanden ist.
In diesem Zusammenhang scheinen mir drei Dinge von Bedeutung zu sein, auf die ich zum Teil bereits hingewiesen habe. Ich rufe sie hier nochmals in Erinnerung, weil sie für eine gute Grundbeziehung zwischen Eltern und Kind besonders wichtig sind:

## Altersgerecht erklären und mitentscheiden lassen

In der Kommunikation mit Kindern muss man davon ausgehen, dass sie je nach Alter oft nicht das verstehen, was die Eltern meinen, oder nur einen Teil davon. Ebenso können Kinder nur kleine, altersgerechte Entscheide mitbestimmen, wie «Willst du sofort aufräumen oder noch ein kurzes Spiel machen?» Aber den Kontext dieser Frage, dass «sofort» besser wäre, denn «nach dem Nachtessen hast du keine Lust mehr, und ich bin dann ungeduldig, weil ich den *Tatort* im Fernsehen sehen will», können Kinder oft nicht erfassen. Anweisungen sollte man so vermitteln, dass die Kinder ihnen gehorchen können, auch wenn sie das Warum nicht richtig verstanden haben. Es ist sicher gut, ihnen Erklärungen mitzugeben, immer wieder. Mehr und mehr können sie davon auch etwas verstehen. Kinder sind aber oft auch froh, einfach mal zu tun, was die Eltern wollen, ohne alles verstehen zu müssen. Kooperieren im Vertrauen zu den Eltern.

## Auf Augenhöhe oder von oben herab?

Eltern sind größer, massiger, ihr Erscheinungsbild ist von unten gesehen imposant. Kinder sind dies aus Hunderttausenden von Jahren Menschheitsgeschichte gewohnt, sie können damit umgehen.

Augenhöhe, auf gleicher Ebene – das passt in bestimmten Momenten. Zum Beispiel können Eltern auf Augenhöhe Trost spenden, dem Kind zeigen, dass sie es lieb haben, oder es bei einfachen Fragen mitentscheiden lassen. Aber es passt nicht, wenn die Eltern genau wissen, wo es langgehen soll, wo sie das Kind hinlenken müssen. Sich durchsetzen auf Augenhöhe ist doppelbödig. Es ist vermutlich für Kinder viel natürlicher, wenn «Befehle» von oben kommen.

**Nicht nur verbal, auch physisch kommunizieren**

Kinder können Liebe nicht nur mit Worten erfahren. Sie wollen auch kuscheln, herumgetragen und «geschösselt» werden. Kinder sind in Bezug auf das Gernhaben auf Körperlichkeit angewiesen. Wenn es andersrum darum geht, dass sich die Eltern durchsetzen, sind Kinder ebenfalls auf körperliches Lenken angewiesen, je kleiner sie sind, umso mehr. Das ist bei Bébés ja selbstverständlich, und auch, wenn ein Kind auf eine befahrene Straße zurennt. Und was sollen Eltern tun, wenn drei-, vierjährige Kinder sich in einer Krise befinden und im Wohnzimmer herumtoben? Wenn sie sich weigern, in die Hosen zu steigen, obwohl man dringend das Haus verlassen muss? Wenn sie trotzig in einer Pfütze sitzen bleiben oder mit dem Löffel auf die Tischplatte einhacken? Ab und zu ist es notwendig, zu zeigen und spüren zu lassen, dass man als Eltern kräftiger ist, wenn Worte das Kind nicht erreichen. Das Kind unter den Arm nehmen und es ins Kinderzimmer tragen, wo es sich beruhigen kann. Die Beine in die Hose schleusen, um den Zug nicht zu verpassen. Die Hand halten, damit es die Tischplatte nicht noch mehr mit dem Löffel beschädigt. Den Lausbuben aus der Pfütze hieven. Ob mit oder ohne viele Worte, ist nicht so wichtig – die Worte wären ja ohnehin mehr für die Selbstrechtfertigung der Eltern bestimmt als für das Kind, das sie in diesem Augenblick nicht verstehen kann.

Ich gehe davon aus, dass rechtzeitig physisch handeln für die Kinder fair ist, denn sie sind in so manchen Momenten verbal nicht erreichbar und können nicht gehorchen. Selbstverständlich meine ich mit «physisch handeln» – um dies klarzustellen – nicht Ohrfeigen, Schläge oder körperliche Strafen. Diese sind tabu. Die oben erwähnten Beispiele sollten klargemacht haben, wie ich es meine.
Eltern, die nur verbal erziehen und lenken wollen, geraten oft in Stress, fühlen sich am Ende und sind nicht selten verzweifelt. Über die Hintertür versuchen sie sich dann doch irgendwie durchzusetzen, was meistens zu unverhältnismäßiger psychischer Druckausübung gegenüber den Kindern führt. Die Eltern-Kind-Beziehung benötigt ab und zu ein Kräftemessen, auch physisch. Schön ist, wenn es gelingt, dies spielerisch zu tun.

## Das mit der Liebe

Viele Leserinnen und Leser vermissen im bisherigen Text eine Erläuterung, wie man über die Liebe zu den Kindern einen guten Weg findet, eine gute Erziehung gestaltet. Mit der richtigen Liebe wäre ein Schlüssel gegeben. Man muss die Kinder nur richtig lieben.

Die Liebe ist aber so eine Sache, die in jeder Familie sehr unterschiedlich gespürt und gelebt wird. Es gibt Eltern, die mit jedem Gutenachtkuss «Ich hab dich lieb» sagen. Es gibt Eltern, die benutzen dieses Wort kaum. Aber ihre Kinder spüren, wenn sie Fieber haben, in der Feinheit, wie die Hand durch das verschwitzte Haar fährt und wie der Vater es anschaut, dass es Liebe ist.

«Ich hab dich lieb, wenn du …» Und wenn es das Kind nicht kann, wie ist es mit der Liebe? Liebe kann Ansporn und somit auch Druckmittel werden. Rund um die Liebe schwirren oft auch doppelbödige Mitteilungen.

Ich denke, alle Eltern lieben ihre Kinder sehr. Aber so unterschiedlich, dass die Liebe nicht Gegenstand auf der Suche nach einer guten Grundbeziehung sein soll.

# Grundbeziehung einüben und alltäglich leben

Die Grundbeziehung oder die Palette von Einstellungen, die diese ausmachen, wäre nun beschrieben. Wie können Eltern sie im Alltag umsetzen?

Als moderne Menschen neigen wir dazu, Neues methodisch, Schritt für Schritt umzusetzen. Dieses Vorgehen ist jedoch wenig zielführend. Es birgt die Gefahr, dass die Eltern zu viel direkt erziehen und intervenieren, statt den Kindern den nötigen Freiraum für eigene Erfahrungen zu geben. Eltern können sowieso nicht immer an alles denken und alles planen. Das Familienleben ist immer irgendwie chaotisch. Familie und Methode vertragen sich nicht allzu gut. Was kann man also tun, wenn man die beschriebene Grundbeziehung in den Familienalltag einfließen lassen möchte?

## Rollen

Eine Möglichkeit, die sich anbietet, ist, sich in eine Rolle zu begeben. Dabei übernehmen die Eltern eine Rolle, entweder real oder auch nur geistig, das heißt in der Fantasie. Die Figur, in die sie sich begeben, hat eine Haltung und Aufgabe, die Aspekten der oben beschriebenen Grundbeziehung entspricht. Rollenspiele ermöglichen, sich einmal anders zu erleben, andere Blickwinkel einzunehmen und andere Gefühle zu spüren. Damit macht man sich auf den Weg zu einer neuen Grundbeziehung und kann diese nach und nach internalisieren.
Die natürlichste Rolle wäre diejenige der Mutter oder des Vaters. Aber Mutter oder Vater ist man bereits, diese Rolle ist bereits besetzt mit Liebe und Zuneigung, Kummer und Ängsten. Geeignet sind Rollen, die folgende Eigenschaften besitzen:

- Man hat in dieser Rolle eine natürliche Autorität.
- Die Kinder können altersgerecht mitmachen.

- Man gestaltet in der Rolle den Alltag mehr formend als direkt erziehend und intervenierend.
- Die Rolle gibt Fürsorge, Wertschätzung und Zuneigung.
- Die Rolle beinhaltet Fördern und Fordern.
- Die Rolle strahlt Sicherheit aus.

**Die Wanderführerin**

Wer eine Wanderung plant und durchführt, kann aufgrund einer Karte und einer Tourenbeschreibung, verbunden mit Wandererfahrung, eine Route bestimmen mit Startort und Ziel, Weg, Rastplätzen, Proviant und nötiger Ausrüstung. Die Wanderführerin kann ungefähr abschätzen, wo es steil wird, wo man im Schatten wandern kann, wo es anstrengend wird. Sie kann die Route so einteilen, dass es die Kinder nicht allzu mühsam finden werden. Sie kann ihnen im Vorfeld die Karte zeigen und die Route beschreiben, dass sie es hören können, nicht dass sie es begreifen müssen. Unterwegs findet die Wanderführerin mit Hilfe von Karte und Wegweisern, vielleicht auch mit dem GPS, den Weg. Sie muss vor Ort einschätzen, ob die geplanten Etappenlängen machbar sind, der Weg gangbar ist und die Rastplätze auch wirklich zum Verweilen einladen. Unterwegs kann sie den Kindern zu erklären versuchen, wie lange es noch bis zum Rastplatz dauert oder durch den Wald geht. Sie kann aber ihre Orientierungsfähigkeiten und Wandererfahrung mit den Kindern nicht teilen. Zeit- und Distanzgefühl sind sehr unterschiedlich. Die Kinder können bloß mitreden, richtig mitentscheiden können sie nicht.

Kinder marschieren auf Trampelpfaden in dichtem Wald locker längere Zeit. Kommt man dann aus dem Wald auf ein freies Feld und sieht, wie der Weg sich einen Kilometer lang dahinzieht, sehen sie sich vor einer Riesendistanz und werden sofort furchtbar müde. Vor einem Hügel, wo man oben das Ziel sieht, stehen sie wortwörtlich vor einem Berg und sind von aller Energie verlassen. Würde man sie vor der Steigung fragen, ob sie da hinauf wollen oder nicht, sie würden kaum wollen. Ist man dann aber oben angekommen – es hat einen Brunnen, das Sandwich wird aus dem Rucksack genommen und ein erster Schluck getrunken – ist die Mühsal sofort verschwunden. Kein Gefühl mehr von Plackerei. Es sind eher die Erwachsenen, die sich als Eseltreiber vorkommen, die noch das Gefühl hegen, die Kinder etwas geplagt, es vielleicht doch etwas übertrieben zu haben. Man trieb die Kinder vor sich hin, lief ihnen hundert Meter voraus, bis sie sich halb verlassen vorkamen und sich doch noch sputeten, aufrückten mit entsprechendem Gemotze. Aber sie gehen mit, machen die Anstrengung. Nicht nur weil sie keine andere Wahl haben, sondern auch, weil sie Vertrauen haben in die Wanderführerin. Sie strahlt Zuversicht und Sicherheit aus, und die Kinder haben ja schon erlebt, dass es mit ihr gut rauskommt. Trotz des zeitweiligen Frustes erfahren die Kinder, dass das Wandern ein gutes Abenteuer ist, dass man sich manchmal durchbeißen muss, aber immer rechtzeitig wieder zu einem Rastplatz kommt. So nehmen sie nützliche Gewohnheiten an.

Wandern mit Kindern ist eine schöne Analogie zum Leben. Eltern beschließen die Reise, planen die großen Bögen und brechen auf. Unterwegs – in der Wirklichkeit – orientieren sie sich, finden die Wege und passen das Tempo, die Etappen, die genaue Routenwahl den Bedürfnissen und Wünschen der Kinder an. Die Erwachsenen bestimmen das Grobe, die Kinder können das Feine mitentscheiden. Zum Beispiel, ob man über den Hügel mit Restaurant wandert oder unten am Bach entlang, wo man die Füße baden

kann. Ob man zuerst das Salami- oder das Schinkenbrötchen verzehrt, aber alles wird noch nicht gegessen und getrunken! Ob man selbst auf dem Baumstamm balancieren will oder dabei lieber der Wanderführerin die Hand gibt. Wenn es wichtig ist, entscheiden die Erwachsenen: Jacke anziehen, nass werden ist jetzt nicht gut. Jetzt keine Faxen, links ist ein Abgrund.
Man kann sich im Kinder- und Erziehungsalltag in die Rolle der Wanderführerin begeben: Lenken mit Erfahrung und die Verantwortung tragen, ohne sie mit den Kindern teilen zu können. Einen Weg einschlagen, von dem man weiß, dass er sich lohnt. Die Kinder mitentscheiden lassen, wo es gut geht, kindergerecht ist und das Risiko klein.

### Die Dirigentin

Eine Familie dirigieren ist ebenfalls eine Analogie, die man sich vorstellen kann – sicher als Fantasie, vielleicht sogar als reales Rollenspiel. Die Dirigentin gibt den Takt an, jedes Kind spielt seinen Part. Das Orchester ist nur so gut, wie seine Musikanten, entsprechend muss man die Stücke wählen. Familie ist kaum geeignet für Sinfonien und klassische Musik. Das ist zu schwierig und erfordert von den Musikanten zu viel Disziplin. Familie ist vielleicht eher wie eine Jamsession, Jazz mit Improvisation, eine Musik mit teils kakofonischen Tönen, eine Guggenmusik. Die Eltern sind die Bandleader. Sie bestimmen das Grundmotiv, setzen den Takt, variieren das Tempo und lassen die Musikanten improvisieren. Mal herrscht Harmonie, mal Kakofonie, mal schaltet sich die Dirigentin wieder ein, bringt das Orchester wieder in den Takt oder gibt den leisen Instrumenten mehr Gehör.

### Der Polier

Der Polier leitet die Baustelle. Er weiß recht genau, wie das Haus am Ende aussehen soll. Er hat Pläne, die er lesen kann, und teilt die Arbeiten ein. Er erteilt den Handwerkern nach ihren Fähigkeiten Aufgaben. Die einzelnen Handwerker müssen nur über ihre Aufgaben Bescheid wissen. Sie brauchen die Pläne über das Ganze nicht zu verstehen, sie verstehen aber ihr eigenes Metier. Der Polier weiß, was die Handwerker können, verlässt sich auf sie, sie arbeiten recht selbstständig. Er kontrolliert aber; ganz auf sie verlassen kann man sich ja nicht. Funktioniert etwas nicht, orientiert er sich und fädelt Lösungen ein. Die Übersicht hat der Polier. Polier und Handwerker sind sich einig über das Ziel: Sie bauen ein Haus. Eltern wissen ungefähr, wie das Leben der Kinder einmal aussehen könnte, haben einen Plan. Sie merken, welche Fähigkeiten die Kinder haben, geben ihnen das entsprechende Vertrauen und lassen ihnen ihr Geschick. Die Kinder entwickeln ihre Fähigkeiten altersgemäß, als Gspänli, Kindergärtler, Schüler. Die Eltern lassen sie machen und kontrollieren von Zeit zu Zeit. Die Eltern sind die Chefs, sie können die Verantwortung nicht mit den Kindern teilen, sie nur in ihrem «Fachgebiet» selber werkeln lassen. Eltern und Kinder können sich einig sein, dass es darum geht, ein Erwachsenenleben aufzubauen.

**Die Leitkuh**

Manchmal ist es auch gut, sich wie eine Leitkuh aufzuführen. Diese geht voraus, behauptet wenn nötig ihre Stellung, und bei Gefahr verteidigt sie ihre Herde. Ist ein Kalb allzu stürmisch, gibt sie einen Pungg (zurechtweisenden Stoß). Die Leitkuh beharrt auf der Rangordnung.

**Der Hüttenwart**

Er bietet eine Unterkunft an in einer manchmal sehr reizvollen Umgebung, die aber rasch unwirtlich bis gefahrvoll werden kann. Hoch oben in den Bergen, meist über der Waldgrenze, nah an Gletschern, Alpengipfeln und Felswänden. Seine Gäste verweilen bei ihm, um in der Umgebung einen Berg zu besteigen, zu klettern oder am nächsten Tag weiterzuwandern. Der Hüttenwart kennt die Gegend und ihre Eigenheiten gut. Er weiß, welche Wege und Steige bei welchen Wetterbedingungen ohne, mit geringen oder großen Gefahren zu bewältigen sind. Er kann das Wetter rundherum recht gut einschätzen, Wolken und Wind bezüglich der nächsten Stunden deuten. Er hat Menschenkenntnis und kann die Berggänger einigermaßen einschätzen. Mit ihm kann man besprechen, welche Route günstig ist, wo Gefahren lauern, wie viel Zeit einberechnet werden muss, welcher Weg besonders schön und lohnenswert ist. Ihn interessiert, was seine Gäste ihm erzählen, welche Erfahrungen sie mit welchem Weg gemacht haben, wo es im Gelände Veränderungen gegeben hat durch Steinfall oder Muren, oder wo Steinböcke äsen und Murmeltiere pfeifen. Er bietet eine Plattform für die, die draußen etwas erleben wollen und Abenteuer suchen. Er ist ortskundig. Mit ihm kann man das Geplante oder Erlebte besprechen, er gibt Ratschläge und Warnungen.

In dieser Rolle können sich Eltern auch sehen, besonders mit älteren Kindern. Sie wollen draußen etwas erleben, suchen Herausforderungen und wollen sie meistern. Das ist ihr Weg. Sie erzählen den Eltern gern, was sie erlebt haben, wollen es besprechen und nehmen auch Ratschläge oder Warnungen entgegen. Mit dem Vertrauen der Eltern können sie sich draußen in der Welt – und sei es nur der Sandkasten – ausprobieren, zurechtfinden und behaupten. Zu Hause dürfen sie dann müde sein und auftanken. Danach gehts wieder raus ins Leben.

**Schaf- oder Geißenhirt**

Kinder sind manchmal stur, dickköpfig, eigenwillig und kaum lenkbar. Sie wollen nicht, gehen nicht, bocken und sperren. Wollen nur, was sie selbst wollen. Manchmal geschieht dies aus einer Laune heraus, manchmal, weil es ihrem Wesen entspricht. Es mag sich etwas despektierlich anhören, aber in diesem Zustand sind sie wie Schafe oder Geißen, die nur ihr Futter im Kopf haben und kaum zu lenken sind. Solchen Schafen oder Geißen kann man wenig beibringen, sie hören nicht zu, man muss sie ins Schlepptau nehmen und antreiben. Manchmal ist es nützlich, sich in die Rolle eines Hirten, der seine Schafe treibt, zu versetzen. Schafen und Geißen ist man ja nicht böse, man zieht oder treibt sie vorwärts im Wissen um ihr Wesen, wohlwollend, freundschaftlich, aber beharrlich. Man kann auch ein Kind mal ins Schlepptau nehmen, antreiben. Es soll einfach machen, was man will. Das Warum braucht es nicht immer zu verstehen. Als Hirte kann man sagen, was man dazu denkt, mehr für sich, um sich selbst zu verstehen. Mit Vorteil tut man dies in einem scherzhaften Ton, mit einem gewissen Schalk in Mimik und Stimme (ich erinnere an das Kapitel *Marte Meo*). Es ist ein liebevolles Fordern, nicht ein verärgertes oder gar ängstliches Befehlen. So fällt es Kindern leichter, etwas einfach zu tun und zu funktionieren.

Besonders mit sehr eigenwilligen Kindern kann sich die Hirtenrolle als tragende Einstellung bewähren. Liebevoll, nicht abschätzig, kann man so herausfinden, welchen «Geißbock» man vom Schicksal bekommen hat und wie man am besten mit ihm umgeht. In der Hirtenrolle versucht man nicht andauernd, das Kind zu verändern und zu erziehen. Man zieht es einfach vorwärts, so muss sich das Kind nicht dauernd unzulänglich fühlen. Es kann einfach gehorchen, dabei sich selbst bleiben und doch kooperieren. Man muss als Eltern gewisse Dinge immer wieder sagen, fordern, wie bei Schafen. Das gehört einfach dazu – mit einer Portion Schalkhaftigkeit erleichtert man sich aber diese Aufgabe.

### Und da ist noch Marge Simpson

Ja, ich meine die Comicfigur. Marge Simpson ist Frau und Mutter in einer Familie mit speziellen Mitgliedern. Marge lässt ihre Pappenheimer wirken. Lange sagt sie nichts, lässt die andern gewähren. Überbordet es, meldet sie sich, sagt, wos langgeht, hilft wo nötig und stellt Forderungen. Sie hat ihre Prinzipien, für sich und für die Familie.

### Häuptling oder Kapitän

Diese zwei Rollen können spontan und spielerisch im Alltag eingesetzt werden, wenn sich eine heikle Situation anbahnt. Ich bin der Häuptling und sage, wo es langgeht, ihr sagt «Howgh» und folgt. Ich bin der Kapitän, ich sage, was zu tun ist, ihr sagt «Aye Aye Sir» und macht euch ans Werk. Kinder spielen gern mal mit und erleben die Eltern als sicher und sich selbst in geführter sicherer Anweisung.

## Familienklima als Basis der Erziehung

Eine andere Idee, wie Eltern eine positive Grundbeziehung umsetzen und nützliche Gewohnheiten fördern können, ist, eine Art Regie zu führen. Das Leben mit den Kindern wird so gestaltet, dass ein gutes Familienklima entsteht.

### Das Klima als Durchschnitt über eine längere Zeit

Klima wird definiert als Wetterabfolge in einem Gebiet, als Durchschnitt über eine längere Zeit. In einem guten Klima gedeiht so viel Wunderbares. Das europäische Klima, die sogenannt gemäßigte Klimazone, beinhaltet alles: Wärme, Sonnenschein, Gewitter, Flaute, Kälte, Nebel, Pflanzen, Tiere und Menschen gedeihen darin, werden lebensfähig und auch widerstandskräftig. Ein gutes Familienklima beinhaltet all das ebenfalls. Die Kinderstube soll fair sein, im Durchschnitt gut und erbaulich, sie soll Gelegenheiten bieten, zu lernen und Unannehmlichkeiten zu überwinden. Ein gutes Familienklima gibt den Kindern alle Gewohnheiten mit, die sie in ihr Erwachsenenleben mitnehmen sollten.

Eltern können das Familienleben so gestalten, dass alles, was ein Kind benötigt, auch was ein Familienleben benötigt, dann und wann stattfindet. Relativ viele ruhige, gewöhnliche Zeiten, wo etwas wachsen, gedeihen und sich entwickeln kann, tun dem Familienklima gut. Immer wieder soll es warme und ruhige, kuschlige Zeiten geben. Ab und zu ein Fest und Fröhlichkeit, ausgelassen und überdreht. Es soll aber auch langweilige Zeiten geben, auch mal frostige und Mangelzeiten, wo das Leben ausruht, innehält, sich neu generiert und man sich wieder auf das Schöne freut. Und es darf, ja muss auch mal ein Gewitter geben, wo es die Kinder durchschüttelt und sie erleben, dass man einiges durchstehen kann.
(Weil die heutige Generation von Eltern eher die Tendenz hat, zu rasch zu helfen und beizustehen, etwas zu lieb und zu vorsichtig zu sein, betone ich im Nachfolgenden bewusst die etwas herausfordernden Klimazeiten. Eltern sollten sich bewusst sein, dass sie nicht ihr ganzes Potenzial an Liebe und Fürsorge für die Kinder ausleben können. Leider. Aber zu fürsorgliche Eltern stehen der Selbstentwicklung ihrer Kinder eher im Weg.)

### Szenen einplanen und regelmäßig inszenieren

Regie führen über das Familienklima heißt zum Beispiel, dass man die eigene Familie eine Anzahl von bewusst gewählten Szenen, Aktivitäten oder Situationen wöchentlich, monatlich oder jährlich erleben oder durchleben lässt. Werden bewusst gute und sichere Zeiten eingeplant, ist man nicht «immer bemüht», es zusammen schön zu haben und glücklich zu sein. Einfach funktionieren, im Trott sein, hat auch seine Qualität. Man kann zusammen ein Dessert schlemmen, aber dann nur schlemmen, nicht nebenbei noch erziehen wollen. Monatlich eine Aktivität nur mit Mama oder Papa einplanen, fest versprochen. So wissen die Kinder, dass sie bald auch wieder dran sind. Mal ein Kindermenü, mal Elternkost, mal liegt auch Fast Food drin. Zusammen auf einem Gipfel stehen und gemeinsam die Welt da unten so unbedeutend erleben. Zusammen das Grosi besuchen, mal Gäste haben. Es gibt ein paar Sachen, die einfach ins Fotoalbum der Familie gehören. Man sollte auch regelmäßig Zeiten vorsehen, in denen klar nichts geplant wird, damit sich aus der Langeweile heraus einmal etwas anderes ergeben kann. Es gibt sicher auch Spiele oder eine Art des Zusammenseins, wo man weiß, dass man da höchstwahrscheinlich harmoniert. Auch das kann man quasi terminieren.

Es geht nicht darum, dass es die Kinder genau so schätzen sollen, wie die Eltern vorgesehen haben, dass es die Kinder gut finden sollen. Es geht darum, dass die gewählten Szenen, Aktivitäten oder Situationen immer wieder stattfinden, selbstverständlich dazugehören. Die Eltern geben den Kindern auf diese Weise Gewohnheiten und Grundhaltungen mit. Zum Beispiel die Gewohnheit, dass man sich um die Großeltern kümmert, oder die Grundhaltung, dass Gutes und Schönes zum Familienleben gehört.

Ich plädiere nicht dafür, dass man Streit und Unfrieden so regelmäßig einplant wie das Gute und Schöne. Mühsames aber schon! Mehr dazu gleich weiter unten.

**Authentisch sein können**

In der Funktion als Eltern ist man häufig bemüht, sich souverän zu geben. Oft zeigen die Eltern Ärger oder Glück nicht voll, sind immer etwas kontrolliert. Oft ist das ja auch recht so. Aber in gewissen Momenten ist es für Kinder gut, die Eltern echt zu erleben. Sie spüren – ich erinnere an die Mimik und die Blicke –, wenn etwas außergewöhnlich ist. Im Frust dürfen Eltern auch mal – nein, schlagen nicht –, vor sich hin wettern, ein paar starke Worte benutzen oder in ein anderes Zimmer gehen, sich mal hilflos zeigen oder «eingeschnappt» sein. Die Mutter oder der Vater beruhigt sich dann ja ohnehin bald wieder. Eltern müssen nicht immer gleich die pädagogisch wertvollen Worte finden und wieder den Frieden herstellen. Die Familie muss manchmal spüren können, dass der Vater oder die Mutter an seiner beziehungsweise ihrer Grenze ist. Auch im Gefühlvoll-Freudigen dürfen die Eltern echt sein, spürbar, erlebbar, zum Beispiel bei einem leichten Schwips oder doofen Lachanfall.

Erleben Kinder ihre Eltern allermeistens in einer sehr kontrollierten Weise, souverän und kaum emotional wahrnehmbar, ergibt sich für sie ein entsprechendes Mutter- oder Vaterbild. Später werden sie erzählen, sie hätten die Mutter oder den Vater immer wie mit einer Fassade erlebt. Das sei für sie etwas irritierend gewesen.

**Mühsames einplanen**

Auch Mühsames soll regelmäßig stattfinden. Es ist sehr nützlich, darin geübt zu sein. Zum Beispiel, indem alle zusammen einkaufen, eine Wanderung unternehmen, die streng ist, oder zusammen aufräumen, wobei man leicht aneinandergerät. Spiele machen, die Nerven und Geduld brauchen. Eine mühsame Aufgabe erledigen müssen, selbst und ohne Hilfe.

Es darf auch Zeiten geben, wo die Eltern scheinbar unzuverlässig sind, die falschen Joghurts einkaufen, das Taschengeld zu geben vergessen, die Kleider am falschen Ort versorgen, für die Kinder mühsam sind. So lernen sie die sonst so zuverlässigen Eltern wieder etwas besser schätzen. Das Selbstverständliche ab und zu unterbrechen, gibt Gelegenheit für Toleranz und Improvisation. Oder dass die Kinder etwas selbst an die Hand nehmen, das gewohnheitsmäßig den Eltern überlassen bleibt.

**Brachzeiten zugestehen**

Wenn die Erde ruht, erholt sie sich. Es gibt Zeiten, wo nichts wachsen kann. Das ist auch bei Kindern so. Bei ihnen äußert sich dieser Zustand meistens so, dass sie schlafen, wenn sie müde genug sind. Sonst sind sie in Bewegung, in Aktion. Sind Kinder in nichts eingebunden und müssen sie nichts Bestimmtes tun, «schafft» es in ihrem Kopf weiter.

«Es» denkt, fühlt, Erlebtes sammelt sich zu Eindrücken. Meistens beginnt «es» zu fantasieren. Rasch sind Kinder in einer Fantasie, es ergibt sich ein Spielen, Legobauen, Zeichnen, Singen, Mimen, «es» kreiert. Oft müssen Kinder, bevor dies beginnt, die Langeweile überwinden. Diese «unnützen» Zeiten sind sehr nützlich. Am wertvollsten sind sie vermutlich, wenn die Kinder dabei vonseiten der Eltern völlig unbeeinflusst sind.

**Dafür sorgen, dass man etwas zusammen zu tun hat**

Das Familienklima wird auch dadurch gefördert, dass die Familienmitglieder parallel miteinander zu tun haben: Der Garten muss gepflegt werden, jeder macht dabei «seinen» Job. Die Mutter spielt in der Dorfmusik, der Rest der Familie ist an den Konzertveranstaltungen dabei und hilft mit. Der Vater hilft oft seinem Bruder, der alte Motorräder repariert, und die Kinder gehen mit. Es kann auch ein Hund sein, den alle betreuen müssen.

Sind die Kinder klein, sind sie meist stolz auf ihre Eltern. Sind sie älter, dürfen sie die Eltern auch mal doof finden. Hauptsache, es gibt etwas zusammen zu tun. So erlebt man sich gemeinsam, ohne sich immer nur mit sich selbst zu beschäftigen. Zusammen abwaschen und abtrocknen ist heute (leider) kaum mehr nötig, Holz stapeln auch nicht mehr. Aber anderes wie wandern, reisen oder etwas sortieren lässt sich inszenieren. Oder Wäsche aufhängen kann Kinderhilfe benötigen.

Solche Tätigkeiten ermöglichen, miteinander ins Gespräch zu kommen, ohne dass man sich anschauen muss. So kann man etwas ansprechen, kann es wieder fallen lassen und etwas anderes besprechen. Man ist plötzlich abgelenkt, redet dann wieder – oft ergeben sich so Gespräche, kurze Austausche, die etwas Vertrauliches haben, weil sie in einem unverbindlichen Rahmen stattfinden. Direkte Gespräche, frontal geführt, sind oft weniger ergiebig als dieses Dahinreden und Austauschen ohne Verpflichtung.

**Kinderfreie Zeiten für die Eltern organisieren**

Eltern müssen auch zu sich selbst schauen, sich regelmäßig kinder- und familienfreie Zeiten organisieren. Die Mutter für sich, der Vater für sich. Besonders wichtig ist dies für den Elternteil, der die meiste Zeit in der Familie verbringt. Eine Frau ist mehr als Mutter, auch mehr als Ehefrau. Kinderfreie Zeit braucht es auch für das Elternpaar, für das Liebespaar, das es ja sicher einmal war und vielleicht immer noch ist, was aber in all dem Kinderkram oft zu kurz kommt.

**Beide Elternseiten zulassen**

Kinder haben manchmal recht ausgeprägte Charaktereigenschaften des einen Elternteils. Zum Beispiel ist das Kind temperamentvoll wie der Vater, italienisch feurig. Für die Mutter ist das vielleicht ziemlich übertrieben. Oder das Kind ist nachdenklich und verträumt wie die Mutter, für den Vater wirkt es schon fast melancholisch-depressiv.

Elternteile haben oft auch unterschiedliche Gefühle, wie eine Familie oder die Kinderwelt sein sollte. In solchen Fällen ist von beiden Eltern viel Toleranz gefordert, damit das Kind beide Arten ausprobieren und sich in ihnen wohlfühlen und ausprobieren kann. Sonst muss es eine Seite von sich selbst unterdrücken. Zeigt sich in dieser Hinsicht ein gewisser Gefahrenherd, sollten die Eltern regelmäßig Zeiten einplanen, in denen das Kind nur mit dem Vater oder nur mit der Mutter zusammen ist.

**Aufenthalte bei anderen Leuten sind ein Abenteuer**

Kinder müssen sich mit anderen Leuten zurechtfinden können. Die Pflege durch andere Leute kann schon bei Kleinkindern beginnen, stundenweise. Mal ohne die Eltern unterwegs sein. Trost einmal von anderen bekommen. Erleben, dass es auch ohne die Eltern geht. Andere Düfte, andere Geschmäcker und andere Tonalität. Auswärts übernachten ist mehr als Kita oder Spielgruppe, ist ein etwas größeres Abenteuer. Vielleicht darf ein Kind sogar Ferien bei anderen Leuten verbringen – eine gute Gelegenheit für das Kind, seine Selbstorganisation zu erweitern.

Kinder, die sich regelmäßig auswärts aufhalten, lernen Beziehungen und Vertrautheit zu anderen Leuten aufzubauen. Können Abschauen und Nachahmen probieren, von anderen Leuten, das Gewohnte erweitern. Sie erhalten auch die Möglichkeit, zu merken, dass ihnen die Eltern fehlen, dass man sich lieb hat und zusammengehört.

## Auf Wetterwechsel vertrauen, Stürmisches zulassen

Bemühen sich Eltern unablässig um ein schönes und harmonisches Familienklima, setzen sie sich selbst und die Familie einer unnötigen Erziehungshektik aus. Beim Wetter vertraut man darauf, dass nach einem Tief wieder ein Hoch kommt. Beim Familienklima sollte man es ebenso machen. Ab und zu darf eine Schlechtwetterzone durch die Stube brausen. Kinder streiten lassen, nicht gleich Frieden stiften, als Eltern auch selbst mal rumoren, frostig sein, die Kinder die eigenen Böen spüren lassen. Man kann sich meistens auf das Wetter verlassen: Stürme legen sich wieder. Hat sich die Mutter beruhigt und der Vater sich abgeregt, wird es wieder herzlich. Auch Kinder beruhigen sich wieder und suchen die Geborgenheit. So erhalten nach Turbulenzen alle mehr Zeit, etwas Distanz zu gewinnen und den Konflikt sich setzen zu lassen. Es gibt Kindern Gelegenheit, von sich selbst aus wieder auf die Eltern zuzugehen, bei ihnen Trost zu suchen und herauszufinden, was sie tun können, damit die Eltern wieder lieb sind mit ihnen. Der alte Schlager «Noch em Räge schiint z Sonne, noch em Briegge werd glacht» ist da gar nicht so unnütz.

## Antizipieren

Das Kind hat eine schlechte Phase. Sei es im November, wo das Licht fehlt, sei es nach den ersten Wochen im Kindergarten. Man kann damit rechnen, dass es eine Szene gibt, wenn es heimkommt. In diesem Fall ist es vielleicht geschickt, wenn die Eltern nicht darauf beharren, dass es sogleich nach der Heimkehr die Jacke ordentlich aufhängt. Vielleicht ist es besser, wenn es gleich den ersten Heißhunger stillen kann. Der Rest hat Zeit und geht nicht vergessen. Man kennt seine Kinder, man kann Ausnahmen machen. Merkt man im Alltag, dass ein Kind kurz vor dem Schreien oder Ausrasten ist, kann man es ablenken, indem man eine ungewohnte Szene inszeniert. Zum Beispiel mit dem Staubsauger einen Putzanfall inszeniert. Oder man kann – so unpädagogisch es sich auch anhört – den Fernseher anstellen und laut aufdrehen.

Zu meiner Zeit, als ich Kind war, hätten die Eltern den Vogelkäfig öffnen können, sodass der Wellensittich in der Stube herumgeflogen wäre. Um etwas Ungewohntes zu tun, kann man auch mal Humor zu Hilfe nehmen. Hier ist Fantasie gefragt.
Auch Eltern sind nicht immer topfit. Oft merken sie, dass sie bald so reagieren werden, wie sie selbst sich nicht gern erleben. Oder sie haben nicht die Kraft, nun beharrlich und konsequent zu sein. Zehn Sekunden bevor sie an die Grenze kommen, dürfen sie schon etwas resoluter reden. Spielerisch resolut kostet weniger Kraft als emotional resolut. Wenns nicht mehr geht, können sie zum Beispiel einen Hustenanfall inszenieren, auf die Toilette gehen oder es kann ihnen einfallen, sie hätten etwas vergessen und müssten rasch nachschauen. Die Szene überraschend ändern lenkt ab und gibt Zeit.
Wäre es besser, die Kinder kämen jetzt nicht ins Wohnzimmer, um die Eltern zu belagern, kann Musik helfen. Free Jazz oder eine schöne Frauenarie halten Kinder in der Regel fern. Auch ein Pfirsich-Duftspray kann mal eine andere Atmosphäre herstellen.
Besonders wenn sich heikle Situationen anbahnen, kann ein solches Antizipieren sinnvoll sein. Kinder merken dieses Umschiffen und Ablenken meistens nicht. Eltern können sich so unnötige Szenen ersparen.

### Halb geplant, ein dahintrottendes Leben ohne Schuldgefühle

Familienleben ist meistens Alltag, viel Routine. Es ist eigentlich mehrheitlich ein halb vorgegebenes, dahintrottendes Leben. Die Eltern führen Regie, geben den Takt an, orchestrieren, halb geplant, ohne dabei dauernd zu erziehen. Ein vielfältiges, durchschnittlich gutes, lebhaftes und abwechslungsreiches Familienleben kann relativ locker gelebt werden und erzieht nebenbei wie von selbst. Familienleben im Sinn eines ausgewogenen Familienklimas schafft eine Atmosphäre, die den Kindern im Alltag viele nützliche Gewohnheiten und Einstellungen mitgibt und sie – im weit gefassten Sinn – gut erzieht.
Eltern können so dauerhaft das Gefühl haben, gute Eltern zu sein. Denn sie bieten den Kindern mehr oder weniger alles, was es für eine gute Kindheit braucht. Bei einer solchen Erziehung besteht

für die Eltern auch wenig Anlass, ein schlechtes Gewissen zu haben und Schuldgefühle zu entwickeln. Mehr leben – weniger erziehen.

In diesem Sinne wünsche ich viel Vergnügen beim Familienklimamachen.

## Hintergrundliteratur

Josef Duss-von Werdt, *Familientherapie, Systemtherapie: eine Materialsammlung*, Selbstverlag Duss.von Werdt, 1997

Fritz B. Simon, *Meine Psychose, mein Fahrrad und ich*, Carl Auer, 1993

Humberto R. Maturana und Francisco J. Varela, *Der Baum der Erkenntnis: die biologischen Wurzeln menschlichen Erkennens*, Fischer Taschenbuch Verlag, 1984

Guido Strunk und Günter Schiepek, T*herapeutisches Chaos: Eine Einführung in die Welt der Chaostheorie und der Komplexitätswissenschaften*, Hogrefe, 2014

Peter Spork, *Gesundheit ist kein Zufall. Wie das Leben unsere Gene prägt – Die neuesten Erkenntnisse der Epigenetik*, DVA, 2017

## Weitere Publikation vom gleichen Autor

**Daniel Niederberger**

**Hin zu einer kinderorientierten Trennung**

**Eine Art Handbuch**

Taschenbuch, 100 Seiten
ISBN 978-3-9524845-6-2
Erscheinungsdatum: 4.6.2018
Verlag Publishing Partners, Biel

**Bestellbar in den stationären Buchhandlungen und den bekannten Online-Büchershops im deutschsprachigen Raum**

Ein sich trennendes Paar gerät meist in heftige Turbulenzen.
Es ist stark von den eigenen Gefühlen und Problemen absorbiert. Oft ist es schwierig, sich auch noch auf die Kinder zu konzentrieren und ihnen die nötige Aufmerksamkeit zu schenken.
Mit diesem Problem beschäftigt sich dieses Buch.
Es gibt Antworten auf die Frage, was Eltern tun können, um in der Trennung auch den Bedürfnissen der Kinder gerecht zu werden. Das Buch enthält die Essenz aus über 25 Jahren familientherapeutischer, immer wieder reflektierter Arbeit auch mit Familien in getrennter Konstellation.

«Seine Art zu schreiben gefällt mir sehr gut. Er hat auch eine ausgeprägte Fähigkeit, sich in Leserinnen und Leser hineinzuversetzen und die Dinge sehr gut verständlich auf den Punkt zu bringen. Es macht Freude, ihn zu lesen.»

Frédéric Hirschi, Verlag HIRSCHI + TROXLER